中学校数学科

「知識・技能」の習得&習熟ワーク

コピーして使える

山本 信也 著

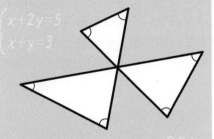

授業の終わりの練習問題から，単元末・学期末の復習まで

70の問題で数式・図形・関数を楽しくブラッシュアップ！

明治図書

はじめに

　20年前，『数の本』（Das Zahlenbuch）というドイツの算数教科書に出会いました。それ以来，この教科書の魅力にとりつかれてしまいました。この教科書の魅力は何といっても，算数の計算技能の習熟をねらいとする学習活動の豊かさです。

　機械的な反復練習を通して計算技能に習熟させるのではなく，初歩的な数学的なパターンを探究する学習活動を通して計算技能に習熟させようというのが特徴です。

　『数の本』の学習活動は日本の子どもたちにも通用するのだろうか？

　これまで友人教師たちとともに実践的に研究を重ねてきました。その中で，子どもたちが大好きな問題の一つが「数の石垣」です。

　いろいろな数値を入れて試行錯誤を繰り返し，粘り強く数の石垣を完成しようとする積極的な姿がいつも見られます。数学的な考え方を生かしながら，「数の石垣」の問題の解決を行っていきます。彼らはその問題解決の過程で多くの計算をします。その結果，計算技能は徐々に確実になり定着していくように思います。

　このように数学的な考え方を働かせながら，知識及び技能を習得・習熟させようというのは，今日的な数学教育の大きな課題です。『中学校学習指導要領解説数学編（平成29年7月）』では次のように述べられています。

　　「数学的な見方・考え方」を働かせながら，知識及び技能を習得したり，習得した知識及び技能を活用して探究したりすることにより，生きて働く知識となり，技能の習熟・熟達につながる

本書では，このような課題を意識しながら，中学校数学科の学習に必要な知識及び技能の習得・習熟をねらいとするワークシートを提供しています。各学年それぞれ20種類のワークシートと解説からなります。

　ワークシートは基本的に一問形式なので，短時間で取り組めます。また，生徒同士の交流を促すような問いかけもあるので，ペアやグループで答え合わせをしてもよいでしょう。

　授業の終了時，単元末，学期末の時間で，既習の学習内容のブラッシュアップをねらいとしてワークシートを取り入れてみたらいかがでしょう。

　解説ページは「ねらいは何？」「どう進める？」「発展のヒント」の３項目の内容からなっています。ワークシートを実際にクラスで使う際に参考にしてもらえれば幸いです。

　本書の後半では，「数学的パターンの探究」と銘打って，数学的なパターンの探究を体験するワークシートを掲載しています。ここで「数学的パターン」というのは，イギリス生まれの数学者 W. W. ソーヤー（1911-2008）に由来する用語で「数学的な規則性」という意味です。

　中学校の子どもたちは，数学的なパターンを探究して，発見するのが大好きです。子どもたちが本来もっている性格を大切にしながら，数学的パターン探究と発見の醍醐味を味わってもらいたいものです。

　ワークシートは，中学校数学科の特定の学習内容と関連しているわけではありませんので，空きの時間や自習時間でも取り組むことができるでしょう。中学生ならば，そこにある数学的なパターンにきっと感動してくれるだろうと思います。新しいパターンを彼らは見つけ出すかもしれません。

　このような数学的なパターンの探究の体験が，日々の数学の学習によい影響を及ぼすことがあればこの上ない喜びです。

山本　信也

Contents

Ⅰ年

2年

3年

全学年

【数学的パターンの探究】

ワークシートのコンセプト

　中学校数学科の知識及び技能の習得・習熟をねらいとするワークシートを作成するに当たって，大切にしたいくつかのコンセプトがある。ここでは，そのコンセプトについて述べたい。

　ワークシートを各クラスで実際に使う際に参考にしていただければ幸いである。

(1) 作意的な配列

　まず，２年の一次関数のグラフの練習問題として作成したワークシートを見てほしい（左が問題，右が解答）。

一次関数のグラフをかきなさい。
① $y = 2x + 4$
② $y = 2x - 4$
③ $y = -2x + 4$
④ $y = -2x - 4$

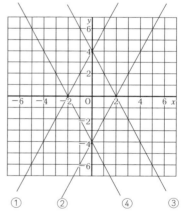

　一次関数 $y = 2x + 4$ の「傾き」と「切片」の符号を変化させた４つの一次関数のグラフをかく問題である。

　これまでの算数・数学教育では，伝統的に練習問題はランダムに配列するのが一般的であった。しかし，ここでは練習問題の中の課題を関連づけながら作意的に配列した。

一次関数のグラフをかく練習問題以外にも，課題の数値を作意的に変化させて配列したワークシートが多くある。それぞれの課題を関連づけて配列したのは，技能のより自然な習熟を目指そうとしたからである。まずは，簡単な計算技能を確実にできることを目指そうと考えた。

　キャッチボールの練習を例にして考えてみよう。
　ボールをグローブでやっと受けることができはじめた小さい子どもに，上下左右，ゴロやフライのボールをランダムに投げることはしないだろう。最初は胸元にボールを投げてやり，ボールが確実に取れるようになってから，徐々にいろいろな方向からのボールを取る練習をする。そうするうちにグローブの動きもスムーズになり，最終的にランダムな方向から来るボールが取れるようになる。
　これと同じように，まずは小さいことでもよいから確実にできるようになることを目指したい。そして習得したことが，次の学習に生かされるような自然な流れを大切にしたいものである。

　さらに，一次関数のグラフの練習問題に取り組むことで期待したいのは，「傾き」や「切片」自体の図的な意味の理解だけでなく，符号を変化させたときのグラフ相互の関係への気づきである。「傾きの符号が変わると y 軸に関して線対称」，「切片の符号が変わると上下の移動」などの気づきである。また，「傾き」の値が大きくなるとグラフは徐々に右上がりになっていくなどの気づきへのきっかけになることも期待したい。
　言い換えると，数値を一定ずつに変化させたり，あるいは符号を変えたりする課題を作意的に配列することを通して，そこに潜む「数学的パターン」（数学的な規則性）を見つけることも期待した。

(2) 数学的パターンの探究・発見・理由づけ・表現

　中学校数学科では，問題解決的な授業展開が最近多く見られるようになった。特に単元の導入時では，各社の教科書でも創意工夫をこらした問題が多く，問題解決的な授業展開が図られている。生徒たちはお互いに自分たちの考えを述べながら，よりよい解法に集約させるような学習活動が多く見られる。

　それに対して，技能の習熟をねらいとする練習問題や単元の巻末の問題では，個別に問題に取り組み，後で答え合わせをするような学習スタイルが多いように思う。知識及び技能の習得・習熟に関しては，授業研究会のテーマとなることも少なく，公開の授業研究の題材として取り上げられることもあまりない。

　しかし，知識及び技能をいかに習得・習熟させ，活用する力をいかに育成するかは，数学の授業研究の重要なテーマである。機械的な反復練習を主とするドリル的な学習だけでなく，知識及び技能の習得・習熟のための学習活動をもっと魅力あるものにしたいものである。

　本書では，数学的パターンを探究，発見して，そして理由づけ，表現する一連の学習活動を知識及び技能を習得・習熟するための学習活動として取り入れた。

　例えば，3年・多項式の「イカイカ数」を取り上げてみよう。

　　6363，5252のような数を「イカイカ数」と呼びます。

　　2つの数でできる「イカイカ数」の差を計算しよう。

$$
\begin{array}{r} 6363 \\ -3636 \\ \hline 2727 \end{array} \qquad \begin{array}{r} 7575 \\ -5757 \\ \hline \end{array} \qquad \begin{array}{r} 8585 \\ -5858 \\ \hline \end{array}
$$

「イカイカ数」の意味を知った生徒たちは，２つの数でできる「イカイカ数」の差にはどんな性質があるか気になるに違いない。

0909

1818

2727

3636

4545

5454

6363

7272

　「イカイカ数」の差の計算を続けていくと，生徒たちは，そこに数学的パターンがあることに気づき始める。その差を一覧表にするとそのパターンが見えてくる。

　「差がまたイカイカ数になる」

　「４つの位の数字の和がいつも18」

　「その差はいつも909の倍数になる」など。

　このようなことに気づいた生徒たちは，なぜ，いつも909の倍数になるのだろう？など，自然な疑問をもつだろう。

　そこで，威力を発揮するのが，「文字式」である。「イカイカ数」を２つの文字で表現して差を計算すると，その差がいつも909の倍数になることを説明できる（理由づけ）。

　$1000a + 100b + 10a + b - (1000b + 100a + 10b + a)$

$= (a - b)(1000 - 100 + 10 - 1) = 909(a - b)$　　ただし，$a > b$

　このような一連の活動，探究・発見・理由づけ・表現の活動を生徒には期待したい。「文字式」を活用する体験を通してその威力を実感してほしい。

(3) 数学の学習に必要な「想像力」

知識及び技能は習得・習熟で終わるのではなく，その後の数学の学習に生かされることが大切である。そこで重要なのは，数学の学習に生きて働く「基本的な知識及び技能」をどう考えるかという問題である。

その際，大きな示唆を与えてくれるのが，教育学者 J．F．ヘルバルト（Johann Friedrich Herbart; 1776-1841）の考え方である。周知のように，ヘルバルトは19世紀初頭の教育学者であるが，数学の学習について論究した文献がある。その内容を要約すれば次のようになる（詳しくは参考文献）。

　この偉大な科学，つまり数学は少なくとも「想像力」と「推論能力」を同程度に働かせている。後者が証明に到達し得ないうちは，前者は像を描き出し，物の本体を多様な線で刺し通し，平面で切断し，無限に線をのばし，別な線と線とを編み合わせたりしているに違いない。

　さまざまな組み合せ的表現をかなえてくれるものは「想像力」である。

数学の問題を解決するとき，実際には存在していない補助線を引いたり，線分を無限に延長したり，裏返したり，回転したりするなど「想像力」が必要だ，と述べたのがヘルバルトだった。

ヘルバルトの考え方を，次の例を使って解説してみよう。

　AB ＝ 3 cm，BC ＝ 6 cm の長方形 ABCD の内部にある点 P をとり，各頂点を結びます。斜線の部分の面積は？

問題の図は，次の通りである。

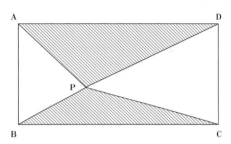

　長方形について下図のような見方ができれば，面積は長方形の面積の半分であることがわかる。

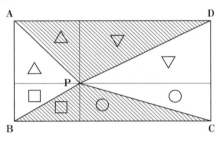

　このような見方を生み出す「想像力」が数学の学習では必要だと述べたのがヘルバルトであった。

　具体的には，点Pを通る2つの線分を想像できるかがポイントである。言い換えれば，現実には見えない2つの線分を想像できるかがポイントである。それができれば長方形の対角線の性質から斜線の部分の面積はもとの長方形の半分であることが導ける（推論能力）。

　推論する能力とともに想像力を数学の学習にとっての必要な力と位置づけたのがヘルバルトだった。ここで言う「想像力」は実際には存在していない線を考えたり，動かないものを念頭で動かしたりするなど，非現実的に考える力だと言っていいだろう。

$$\text{数学の学習に必要な力} \left\{ \begin{array}{l} \text{想像力} \\ \\ \text{推論能力} \end{array} \right.$$

　想像力は図形の学習に限定されるものではないだろう。数と式，関数など
の数学の学習にも，想像する力は必要である。

　そこで，想像力の育成を意図して，正負の数，一次方程式，平方根の計算
では暗算の問題も取り入れた。

次の方程式を暗算で解きなさい（答えだけを書きます）。

① $3x - 5 = 10$ 　　　　　　　　 $x =$

② $2x - 1 = 7$ 　　　　　　　　 $x =$

また，図形の学習では，図を見て問題を解決する問題も取り入れた。

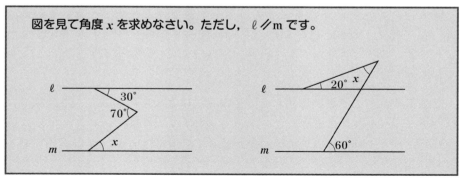

図を見て角度 x を求めなさい。ただし，$\ell \parallel m$ です。

(4) 生徒の実態に応じた柔軟な導入と展開

　ワークシートでの問題の提示に当たっては，問題文は最小限にとどめ，生徒が思い思いに取り組むことを期待した。何が問題かは実際にやっていく中で次第にはっきりするようにした。

　問題文を正確に読み取り問題解決をするということにはこだわらず，より自由な発想でワークシートに取り組んでもらいたいと思ったからである。

　例えば，「37の計算」の場合には次のようになる。電卓を手にした生徒たち

計算を続けましょう。

$37 \times 10 = 370$

$37 \times 11 =$

$37 \times 12 =$

$37 \times 13 =$

は，このワークシートを見たら，きっと計算を続けていくだろう。

$37 \times 10 = 370$

$37 \times 11 = 407$

$37 \times 12 = 444$

　しかし，それだけでは何が問題かはわからない。

　計算を続けていくと，同じ数が３つ並ぶ３桁が答えになる場合があることに気づく。そこで教師が「答えが777になることがある？」などと発問する。それをきっかけに数学的なパターンの探究がはじまるという流れである。その結果，素数37と３のかけ算37×３＝111から，このようなパターンが生じることがわかるだろう。

　問題の導入は生徒たちにとって意外性や驚きなどを感じる魅力的なものであってほしい。解説のページの「どう進める？」を参考にして，生徒たちと一緒に取り組んでもらえれば幸いである。

01 | 1年 加法と減法の 混じった計算（暗算）（1）

（　　　）組　（　　　）番　　名前（　　　　　　　　　　　　　）

●暗算で計算しましょう（頭の中で計算して答えだけ書きます）。

① 　1 － 3 ＝

①´ 　（＋1）＋（－3）＝

② 　1 － 3 ＋ 5 ＝

②´ 　（＋1）＋（－3）＋（＋5）＝

③ 　1 － 3 ＋ 5 － 7 ＝

③´ 　（＋1）＋（－3）＋（＋5）＋（－7）＝

④ 　1 － 3 ＋ 5 － 7 ＋ 9 ＝

④´ 　（＋1）＋（－3）＋（＋5）＋（－7）＋（＋9）＝

⑤ 　1 － 3 ＋ 5 － 7 ＋ 9 － 11 ＝

友達と答え合わせをしましょう。

＼ **解 説** ／

ねらいは何？

加法と減法の混じった式を加法だけの式に直してから，正負の数の計算を暗算ですることができる。

【解答】

①　－ 2

①´　－ 2

②　3

②´　3

③　－ 4

③´　－ 4

④　5

④´　5

⑤　－ 6

どう進める？

①から④では，加法だけの式に直した計算に取り組ませるようにした。加法だけの計算に直すことで正の数同士と負の数同士をまとめて計算する方法が容易となるだろう。それらの計算を暗算でできるようになることを期待したい。

5つの計算は奇数を順番に並べているので，計算の答えは前の式の答えに最後の奇数の項をたしたり，ひいたりすれば求めることができる。

発展のヒント

$$-1+2-3+4-5+6-7+8-9+10=5$$
$$1-2+3-4+5-6+7-8+9-10=-5$$

I年 02 加法と減法の混じった計算（暗算）(2)

（　　）組　（　　）番　　名前（　　　　　　　　　　　　　）

●暗算で計算しましょう（頭の中で計算して答えだけ書きます）。

①　$1 + 4 - 7 + 8 - 7 =$

②　$2 + 4 - 6 - 5 + 3 =$

③　$3 - 6 + 5 - 9 + 4 =$

④　$4 - 8 - 2 - 4 + 6 =$

⑤　$5 + 1 - 5 + 2 - 9 =$

友達と答え合わせをしましょう。

解 説

ねらいは何？

加法と減法の混じった簡単な計算を暗算ですることができる。

【解答】

① － 1

② － 2

③ － 3

④ － 4

⑤ － 6

どう進める？

正の数と負の数の項をまとめて計算することを意識させたい。

⑤の答えは－5ではなく，作意的に－6とした。式をよく見て，慎重に計算してほしい。

発展のヒント

⑤の答えが－5になると数字が順序よく並んで気持ちいい。⑤の答えを－5にするには式をどう修正すればよいか，考えさせるのも一案だろう。

計算の答えを大きくするには，正の数の項の総和を大きくするか，または負の数の項の総和を小さくすればよい。

$$6 + 1 - 5 + 2 - 9 = - 5$$
$$5 + 1 - 4 + 2 - 9 = - 5$$

など

03
1年
加法と減法の混じった計算（暗算）（3）

（　　　）組　（　　　）番　名前（　　　　　　　　　　　）

●暗算で計算しましょう（頭の中で計算して答えだけ書きます）。

① $8 - 7 - 5 + 6 - 4 + 1 + 3 - 2 =$

② $4 - 5 + 1 - 2 - 3 - 8 + 7 + 6 =$

③ $1 + 2 - 3 - 4 - 5 - 6 + 7 + 8 =$

友達と答え合わせをしましょう。

解 説

ねらいは何？

加法と減法の混じった簡単な計算を暗算ですることができる。

【解答】

   ①   0

   ②   0

   ③   0

どう進める？

  ①，②，③とも1から8までの数の計算（＋，－の符号を無視）になる。正の数の項と負の数の項の和はそれぞれ18となり，答えはすべて0となる。

  正の数の項，負の数の項の和をまとめて計算することを意識させて，暗算でできるようにしたいものである。

発展のヒント

  発展問題：1，2，3，4，5，6，7，8，9，10の数字を使って，答えが0になる式はつくれるか？

  全部の和が55になるので，答えが0になる式はつくれない。

正負の数

1年 04 数の石垣（1）

（　　）組（　　）番　名前（　　　　　　　　　　）

数の石垣：数の和を上の石垣に入れます。

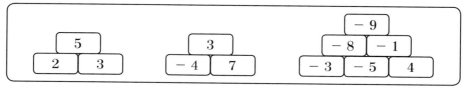

●数の石垣を完成させましょう。

①

②

③

④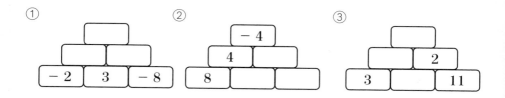

解 説

ねらいは何？

　数の石垣の問題の意味を理解し，完成させることを通して正負の数の加法・減法を計算することができる。

【解答】

上から順に（左から右の順に），

① －4，1，－5

② －8，－4，－4

③ －4，－6，－9

④ －2，－2，－6，－3，－3，11，－4，－4，11

どう進める？

　数の石垣では隣り合う数の和を上の石垣に入れていく。段の数を増やしたり，空白にする石垣の数や位置を変えたりすると，いろいろな問題ができる。ここでは，正負の加法・減法の学習後の練習問題として提示する。自分でチェックできるように4つの問題とも，作意的に頂上を－4とした。頂上が－4にならない場合は，自分で振り返って訂正するよう促してほしい。最後の問題はどこから数をうめていくかがポイントである。

発展のヒント

　次の問題を提示してもよいだろう。

　「3段で，1段目中央が2，頂上が－4の数の石垣はいくつあるだろう？　ただし，求める数は整数」

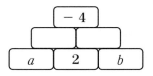

　$2 \times 2 + a + b = -4$ より，$a + b = -8$ となる (a, b) の数だけある。

正負の数

			1年

05　数の石垣（2）

（　　　）組　（　　　）番　名前（　　　　　　　　　）

●数の石垣を完成させましょう。

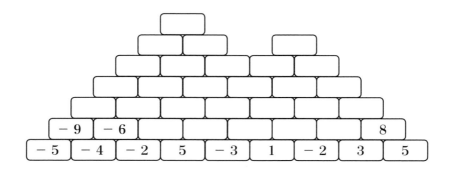

２つの頂上の数は同じになります。

24

解 説

ねらいは何？

数の石垣を完成させることを通して，正負の数を計算することができる。

【解答】

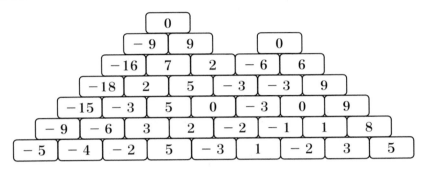

どう進める？

2つの頂上の数はともに0となる。しかし，途中の正負の数の計算を間違うと，2つの頂上は0にはならない。そのときはもう一度見直して，どこで間違っているかを生徒自身で振り返り，訂正するよう促す。

発展のヒント

3段で，1段目中央が2，頂上が0の数の石垣の問題を取り上げてもよいだろう。

例えば，次のような問題である。

「3段の数の石垣で，頂上が0になるように1段目の両端の数を求めよう」

答え：両端の2数を a, b とすると，$a + b = -4$

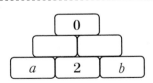

正負の数

06 1年 数の石垣（3）

（　　　）組　（　　　）番　名前（　　　　　　　　　）

●数の石垣を完成させましょう。

①

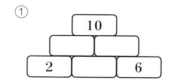

②

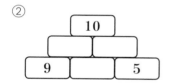

③

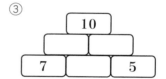

④

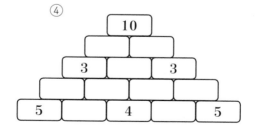

石垣に数を入れながら完成させましょう。

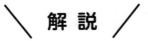

解 説

ねらいは何？

空いている石垣に数を入れながら，数の石垣を試行錯誤して完成させることができる。

【解答】

上から順に（左から右の順に），

① 3，7，1

② 7，3，－2

③ 6，4，－1

④ 5，5，2，2，1，1，2，－3，－3

どう進める？

3段の数の石垣で，1段目中央に順番に数を入れていけば，頂上の値は規則的に変化する。その変化の仕方に注目して完成させることができる。めげそうになったら，数を順番に入れていく方法を示唆したい。5段の数の石垣は左右対称の石垣である。

発展のヒント

1段目の両端と頂上が与えられた3段の数の石垣で，1段目の中央は次のように表せる。

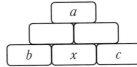

$b + x + x + c = a$ より，

$$x = \frac{a - b - c}{2}$$

正負の数

1年 07 数の石垣（4）

（　　）組（　　）番　名前（　　　　　　　　　　）

●ちょっとむずかしい数の石垣を完成させましょう。

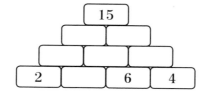

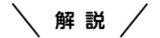

解説

ねらいは何？

　空いている石垣に順番に数を入れ，変化の仕方に注目して数の石垣を完成させることができる。

【解答】

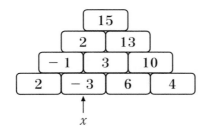

どう進める？

　闇雲に数を入れてみてもなかなかうまくいかない。そこで x に順番に数を入れ，頂上がどう変化するかを観察する。そのパターンに基づけば，x を求めることができる。

　$x = 1$，2，3，…とすると，頂上は27，30，33，…と 3 ずつ増加。与えられた頂上15から遠ざかる。

　$x = 0$，-1，-2，…とすると，頂上は24，21，18，…と 3 ずつ減少。頂上15に近づいていく。

　このことから，$x = -3$ がうまくいく。

　何回か失敗しないとうまく成功しない。めげないように励ますことが大切。

発展のヒント

　x を未知数として，一次方程式で解くことも可能である。

　$2 + x + x + 6 + x + 6 + 6 + 4 = 15$ より，$x = -3$

（　　　）組　（　　　）番　　名前（　　　　　　　　　　　）

●とてもむずかしい数の石垣にチャレンジしましょう。

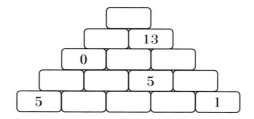

解 説

ねらいは何？

　空いている石垣にいろいろな数を代入して，うまくいくかどうかを調べながら，粘り強く数の石垣を完成させることができる。

【解答】

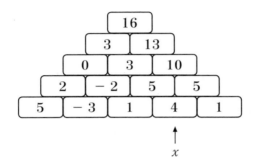

どう進める？

　このままではとても難しい。そこで，１段目の空いている石垣１つに注目してそこにいろいろな数を代入していく。その都度，うまくいくかどうか調べていくと，数の石垣を完成させることができる。

　ここでは，１段目右から２番目の石垣を x とおいてみよう。

$x = 1$ のとき，左下側の石垣がうまくいかない。

$x = 2$ のとき，左下側の石垣がうまくいかない。

$x = 3$ のとき，左下側の石垣がうまくいかない。

$x = 4$ のとき，左下側の石垣もうまくいき，完成する。

発展のヒント

　13を頂点とする４段の数の石垣に注目すると，１段目左から２番目の石垣は－３になることがわかる。これに気づけば完成させることができる。

09 素数はいくつ？

1年

(　　)組 (　　)番　名前(　　　　　　　)

●素数はいくつですか？

1	2	3	4	5	6	7	8	9	10
11	12	13	14	15	16	17	18	19	20
21	22	23	24	25	26	27	28	29	30
31	32	33	34	35	36	37	38	39	40
41	42	43	44	45	46	47	48	49	50
51	52	53	54	55	56	57	58	59	60
61	62	63	64	65	66	67	68	69	70
71	72	73	74	75	76	77	78	79	80
81	82	83	84	85	86	87	88	89	90
91	92	93	94	95	96	97	98	99	100

解 説

エラトステネスの篩によって，100までの素数を見つけることができる。

【解答】

100までの素数は全部で25個：2，3，5，7，11，13，17，19，23，29，31，37，41，43，47，53，59，61，67，71，73，79，83，89，97

どう進める？

1から100までの数表を配付して，素数がいくつあるかを調べることを課題とする。そこで2の倍数，3の倍数…を順番に消していく。消していない数の倍数を消していき，最後に残ったのが素数。

1から30までの範囲で素数を探す活動からはじめて，その後100までは？という問題に取り組ませてもよいだろう。

与えられた数が素数かどうかは，最大公約数や最小公倍数を見つけるときに必要となるのでこの活動は重要である。

発展のヒント

100までの整数の中で約数の数が2つしかない数，素数は全部で25個ある。それでは一番多く約数をもつ数は？という問題も，余裕があれば取り上げてもよいだろう。

一番多く約数（12個）をもつ整数は，以下の5つの整数である。

60：1，2，3，4，5，6，10，12，15，20，30，60
72：1，2，3，4，6，8，9，12，18，24，36，72
84：1，2，3，4，6，7，12，14，21，28，42，84
90：1，2，3，5，6，9，10，15，18，30，45，90
96：1，2，3，4，6，8，12，16，24，32，48，96

Ⅰ年 10 37の計算

(）組 （ ）番　名前（ 　　　　　　　　）

●計算を続けましょう。

$37 \times 10 = 370$

$37 \times 11 =$

$37 \times 12 =$

$37 \times 13 =$

$37 \times 14 =$

$37 \times 15 =$

答えが777になるのはどんなときですか？

ねらいは何？

素因数分解を通して数の性質を明らかにして数学的なパターンを説明することができる。

【解答】

$37 \times 11 = 407$

$37 \times 12 = 444$

$37 \times 13 = 481$

$37 \times 14 = 518$

$37 \times 15 = 555$

$37 \times 3 = 111$ となるので，

$37 \times 3N = 37 \times 3 \times N = 111 \times N = NNN$ となる（$1 \leqq N \leqq 9$）。

どう進める？

電卓を使って37×10から37×15までを計算させる。その答えについての気づきを発表させる。それが本当なのか？と意識させながら，37×16，$\times 17 \cdots$を計算させる。答えが777になる計算を予想させ，各自確かめさせる。その後，答えが888，999になる計算を見つけさせたい。

「37に3の段の九九の答えをかけると3つの数字が並ぶ」ことを取り上げ，なぜそうなるのか全員で考えさせるようにしたいものである。$37 \times 3 = 111$であることを根拠として，$37 \times 3N$の計算がNNNになることが説明できる。37と3は素数なのでこれ以上素因数分解はできないことを，ここで確認しておきたい。

発展のヒント

省略。

143の計算

（　　　）組　（　　　）番　　名前（　　　　　　　　　　　　　　）

●計算を続けましょう。

143×14＝

143×21＝

143×28＝

143×35＝

143×42＝

答えが8008になるのはどんなときですか？

解 説

ねらいは何？

素因数分解を通して数の性質を明らかにして数学的なパターンを説明することができる。

【解答】

$143 \times 14 = 13 \times 11 \times 7 \times 2 = 1001 \times 2 = 2002$

$143 \times 21 = 13 \times 11 \times 7 \times 3 = 1001 \times 3 = 3003$

$143 \times 28 = 13 \times 11 \times 7 \times 4 = 1001 \times 4 = 4004$

$143 \times 35 = 13 \times 11 \times 7 \times 5 = 1001 \times 5 = 5005$

$143 \times 42 = 13 \times 11 \times 7 \times 6 = 1001 \times 6 = 6006$

$13 \times 11 \times 7 = 1001$ となるので，答えは N00N の形になる。

よって，$143 \times 56 = 13 \times 11 \times 7 \times 8 = 1001 \times 8 = 8008$

どう進める？

実際に計算して，その答えに見られる数学的なパターンに気づかせるようにしたい。$143 = 13 \times 11$ と $13 \times 11 \times 7 = 1001$ の2つがここでのポイント。電卓を有効に使いながら，2002を素因数分解することからはじめて，$1001 = 13 \times 11 \times 7$ となることに気がつかせたい。

発展のヒント

次の問題を提示してもよいだろう。

$99 \times 91 = 9009$

$88 \times 91 = 8008$

$77 \times 91 = 7007$

$66 \times 91 = 6006$

これは $N \times 11 \times 91 = N \times 11 \times 13 \times 7 = N \times 1001 = N00N$ となることによる。

12 スタート数・ゴール数（1）
1年

（　　　）組　（　　　）番　　名前（　　　　　　　　　　　　）

● ゴール数にはどんな性質がありますか？

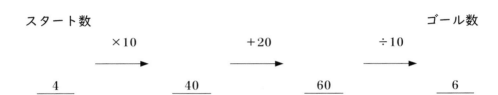

スタート数			ゴール数
	×10	+20	÷10
4	40	60	6

①
3			

②
2			

③
− 1			

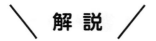

解 説

ねらいは何？

文字を使って，計算の答えの「きまり」（パターン）を説明することができる。

【解答】

左から右の順に，

① 30，50，5

② 20，40，4

③ −10，10，1

スタート数を a とすると，ゴール数は，

$(10a + 20) \div 10 = a + 2$

となる。

どう進める？

スタート数をいろいろ変えてゴール数を計算させ，＋2になることに気づかせる。

その後，どうしてそうなるのか文字を使って説明できるようにしたい。

発展のヒント

「ゴール数が−1のとき，スタート数は？」など，ゴール数からスタート数を求める問題を考えさせてもよいだろう。

|年 13 スタート数・ゴール数（2）

（　　　）組　（　　　）番　名前（　　　　　　　　　　）

●ゴール数にはどんなきまりがありますか？

スタート数			ゴール数
	× 3	− 9	÷ 3
4	12	3	1
5	___	___	___
− 3	___	___	___
___	___	___	___
___	___	___	___
___	___	___	___

解 説

文字を使って計算の答えのパターンを説明することができる。

【解答】

スタート数を 5 とすると，

$5 \rightarrow 15 \rightarrow 6 \rightarrow 2$

スタート数を -3 とすると，

$-3 \rightarrow -9 \rightarrow 18 \rightarrow -6$

スタート数を a とすると，ゴール数は，

$(3a-9) \div 3 = a-3$

となる。

どう進める？

スタート数によってゴール数はどう変化するかを自分で調べて，最後に文字を使ってゴール数が -3 になることを説明できるようにしたい。

発展のヒント

「ゴール数が -1 のとき，スタート数は？」など，ゴール数からスタート数を求める問題を考えさせてもよいだろう。

1 年

一次方程式の解き方（1）

（　　　）組　（　　　）番　名前（　　　　　　　　　　　　　）

●次の方程式を暗算で解きなさい。

（答えだけを書きます）

① $3x - 5 = 10$　　　　　　　　　$x =$

② $2x - 1 = 7$　　　　　　　　　$x =$

③ $3x + 12 = 3$　　　　　　　　$x =$

④ $7x + 8 = 9x$　　　　　　　　$x =$

⑤ $-5x = -6x + 5$　　　　　　$x =$

友達と答え合わせをしましょう。

解　説

暗算で簡単な一次方程式を解くことができる。

【解答】

① $x = 5$

② $x = 4$

③ $x = -3$

④ $x = 4$

⑤ $x = 5$

どう進める？

暗算については，生徒の状況に応じて柔軟に対応してよいだろう。ただ，この程度の整数係数の一次方程式は暗算で解けるようにしたいものである。

方程式の解③は作意的に－3とした。慎重に方程式を解くことを期待したい。

発展のヒント

係数はそのままにして，③の解を $x = 3$ にするにはどうすればよいかを考えさせてもよい。

次の2つの修正の仕方がある。

$-3x + 12 = 3$，あるいは $3x - 12 = -3$

15 一次方程式の解き方 (2)

I年

( ) 組 ( ) 番 名前 ( )

●次の方程式を暗算で解きなさい。

（答えだけを書きます）

① $6x - 1 = 4x + 5$ $x =$

② $8x - 3 = 5x + 6$ $x =$

③ $5x + 7 = 9x - 5$ $x =$

④ $-3x + 7 = 2x - 8$ $x =$

⑤ $-4x + 5 = -8x - 7$ $x =$

友達と答え合わせをしましょう。

＼ 解 説 ／

ねらいは何？

暗算で簡単な一次方程式を解くことができる。

【解答】

① $x = 3$

② $x = 3$

③ $x = 3$

④ $x = 3$

⑤ $x = -3$

どう進める？

暗算に自信がない生徒には，途中の式を書かせてもよいだろう。生徒の自信の程度に応じて柔軟に対応する方がよい。ただ，この程度の整数係数の一次方程式は暗算で解けるようにしたいものである。

方程式の解は途中までは3，⑤は作意的に－3とした。慎重に方程式を解くことを期待したい。

発展のヒント

⑤の解を $x = 3$ にするにはどうすればよいかを考えさせてもよい。

係数は変更せず符号を変更する場合，次の2つの修正の仕方がある。

$4x + 5 = 8x - 7$，あるいは $-4x - 5 = -8x + 7$

一次方程式

16 一次方程式の利用

（　　　）組　（　　　）番　名前（　　　　　　　　　　　）

ジョギングから帰ってきたお父さんに，お母さんは，たずねました。
「今日も，10000m 走ってきたの？」

お父さんは，
「いいや。今日走った距離を 3 倍して，そして今日走った距離の 3 分の 1
をたすと10000m になるんだ。何 m 走ったと思う？」
と答えました。

お父さんは，何 m 走ったのでしょうか。

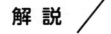

解 説

ねらいは何？

一次方程式を立てて実際的な問題を解決することができる。

【解答】

お父さんが走った距離を x とすると，

$$3x + \frac{1}{3}x = 10000$$

$$9x + x = 30000$$

$$10x = 30000$$

$$x = 3000$$

よって，3000m 走ったことになる。

どう進める？

基本的な問題なので，一次方程式の活用の意味をしっかり理解させるようにしたい。

発展のヒント

4000m 走った場合，お父さんはどう言えばよいか？ということを考えさせてもよいだろう。

例えば，次の問題がある。

「走った距離を3倍して，距離の半分をひくと10000m になる。何 m 走ったんだと思う？」

この場合の一次方程式は，

$$3x - \frac{1}{2}x = 10000$$

これを解いて $x = 4000$

|7 |年 比例のグラフ（|）

（　　）組　（　　）番　名前（　　　　　　　　　　）

●次の比例のグラフをかきなさい。

① $y = 2x$

② $y = 3x$

③ $y = -\dfrac{1}{2}x$

④ $y = -\dfrac{1}{3}x$

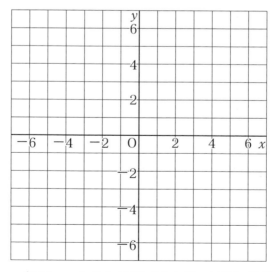

気がついたことは何ですか？　友達と意見交換しなさい。

解 説

ねらいは何？

　比例のグラフで $ab = -1$ となる 2 つのグラフ $y = ax$, $y = bx$ は直交することに気がつくことができる。

【解答】

　①と③，②と④が直交する。

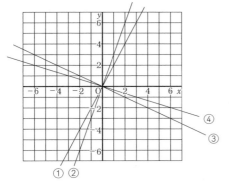 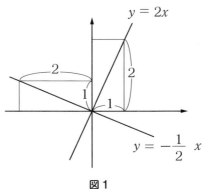

図 1

どう進める？

　$y = 2x$ と $y = -\dfrac{1}{2}x$ のグラフが直交することを具体的に確かめさせたい。その際，図 1 の長方形の枠が役立つだろう。

発展のヒント

　傾きの積が -1 となる 2 つのグラフが直交することを確かめる問題を提示してもよい。

　①　$y = -2x$　　②　$y = \dfrac{1}{2}x$　　①　$y = -3x$　　②　$y = \dfrac{1}{3}x$

49

18 比例のグラフ（2）

（　　　）組　（　　　）番　名前（　　　　　　　　　　　）

●次の比例のグラフをかきなさい。

① $y = -2x$

② $y = -3x$

③ $y = \dfrac{1}{2}x$

④ $y = \dfrac{1}{3}x$

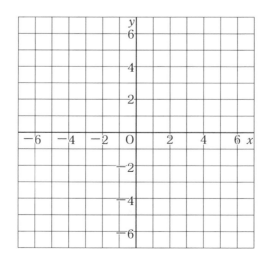

直交するグラフはどれですか？　確かめてみましょう。

50

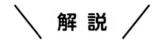

解　説

ねらいは何？

比例のグラフで $ab = -1$ となる2つのグラフ $y = ax$, $y = bx$ は直交することを確かめることができる。

【解答】

①と③，②と④が直交する。

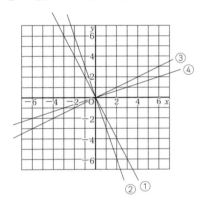

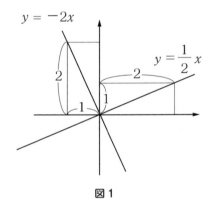

図1

どう進める？

比例のグラフで $ab = -1$ となるとき，直交することになるのか。$y = -2x$ と $y = \dfrac{1}{2}x$ のグラフで確かめさせるようにしたい。

その際，図1に示した長方形の枠が役立つ。2の部分を a に変え，長方形を使って一般的な場合を説明するとよいだろう。

発展のヒント

省略。

平面図形

（　　　）組　（　　　）番　名前（　　　　　　　　　　）

●平行移動をして模様をつくりましょう。

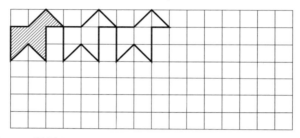

●回転移動をして模様をつくりましょう。

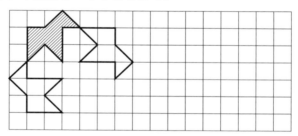

●対称移動をして模様をつくりましょう。

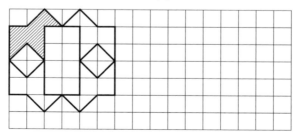

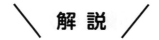

解 説

ねらいは何？

1つの図形を平行，回転，対称移動して模様を作成することができる。

どう進める？

ワークシートを配付し，同じような模様をさらに続けて作成させるようにする。3つの移動を意識しながら模様を作成させたい。実際には格子状に枠だけのパーツで作成させたいところである（色づけは自由）。

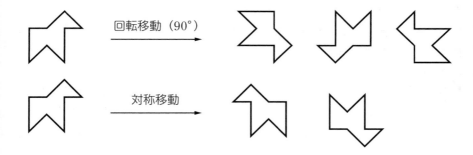

発展のヒント

1つの図形を平行移動，回転移動，対称移動させて格子状に模様を作成させる課題を提示するのもよいだろう。

1年
20 図形の移動（2）

（　　　）組　（　　　）番　名前（　　　　　　　　　　）

●鉛筆で輪郭をかいて模様を完成させましょう。

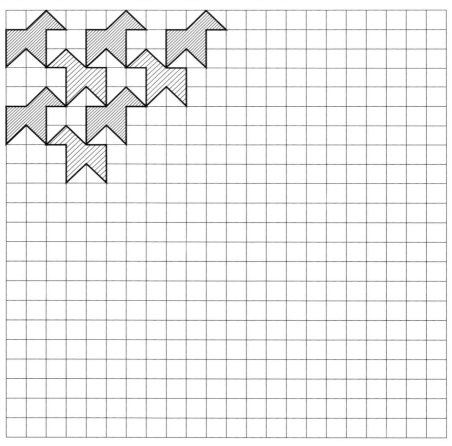

＼ 解 説 ／

ねらいは何？

1つの図形を平行，回転，対称移動して模様を作成することができる。

【解答】

空白部分にも同じ馬の模様ができる。

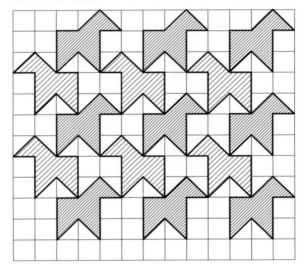

どう進める？

ワークシートを配付し，同じような模様をさらに続けて作成させるようにする。3つの移動を意識しながら模様を作成させたい。実際には格子状に枠だけのパーツで作成させたいところである（色づけは自由）。

発展のヒント

パーツを回転移動させた図を元にして自分で模様を作成させてもよいだろう。

2年 21 トマト数

(　)組 (　)番　名前(　　　　　　)

●232, 383, 767などの数を「トマト数」と呼びます。

　2つのトマト数の差はどんな特徴がありますか？

```
    3 2 3
  − 2 3 2
  ───────
      9 1
```

```
    8 3 8
  − 3 8 3
  ───────
```

```
    7 6 7
  − 6 7 6
  ───────
```

```
    9 1 9
  − 1 9 1
  ───────
```

```
    6 3 6
  − 3 6 3
  ───────
```

```
    −
  ───────
```

```
  −
  ───────
```

```
  −
  ───────
```

```
  −
  ───────
```

気づいたことはありますか？

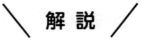

解　説

ねらいは何？

「トマト数」の差がいつも91の倍数になることを自分で見つけ，その理由を文字式を使って説明することができる。

【解答】

$$
\begin{array}{r}
3\ 2\ 3 \\
-\ 2\ 3\ 2 \\
\hline
9\ 1
\end{array}
\qquad
\begin{array}{r}
8\ 3\ 8 \\
-\ 3\ 8\ 3 \\
\hline
4\ 5\ 5
\end{array}
\qquad
\begin{array}{r}
7\ 6\ 7 \\
-\ 6\ 7\ 6 \\
\hline
9\ 1
\end{array}
$$

2つの数でできる「トマト数」の差はいつも91の倍数になる。

91，182，273，364，455，546，637，728，819，910

$100a + 10b + a - (100b + 10a + b) = 91(a - b)$　（$a > b$ のとき）

どう進める？

まず「トマト数」について説明し，2つの数からできるトマト数の差はどんな特徴があるか，という問題を提示する。

ここで，ワークシートを配付して，トマト数の差を求めさせ，どんな特徴があるか探究する。その気づきを文字式を使って説明させたい。

発展のヒント

差が546になるトマト数はどんな数？という問題を通して，2つの数の差が6になる場合を確認する問題もよいだろう。

22 連立方程式の解き方（1）

2年

（　　　）組　（　　　）番　名前（　　　　　　　　　　）

●次の連立方程式を解きましょう。

① $\begin{cases} x + 2y = 5 \\ x + y = 3 \end{cases}$

② $\begin{cases} 2x + y = 4 \\ x + y = 3 \end{cases}$

③ $\begin{cases} x + 2y = 5 \\ 2x + y = 4 \end{cases}$

解 説

簡単な連立方程式を解くことができる。

【解答】

①，②，③とも $x = 1$，$y = 2$

定点（1，2）を通る一次関数の式は，

$y - 2 = a(x - 1)$　　a：実数

a を決めれば，定点（1，2）を通る一次関数の式をつくることができる。

どう進める？

　加減法，代入法を自分で選んで連立方程式が解けるようになってほしいものである。どちらが間違いが少ないか，また，それぞれの方法で注意すべき点は何かディスカッションするのもよいだろう。

発展のヒント

　省略。

2年
23 連立方程式の解き方 (2)

( ) 組 ( ) 番　名前 ( )

● 次の連立方程式を解きましょう。

① $\begin{cases} x + 2y = 8 \\ 2x - y = 1 \end{cases}$

② $\begin{cases} 2x - y = 1 \\ 2x - 3y = -5 \end{cases}$

③ $\begin{cases} 2x - 3y = -5 \\ x + 2y = 8 \end{cases}$

＼ 解 説 ／

ねらいは何？

簡単な連立方程式を解くことができる。

【解答】

①，②，③とも $x = 2$，$y = 3$

定点（2，3）を通る一次関数の式は，

$y - 3 = a(x - 2)$ の形

実数 a に数を代入すると，一次式ができる。

どう進める？

省略。

発展のヒント

　3つの連立方程式は，3種の一次方程式からつくった。それら3種の一次方程式ともう1つの一次方程式を連立させるとどうなるか，発展問題としてもよいだろう。

　例えば，

$$\begin{cases} x + 2y = 8 \\ x - 2y = -4 \end{cases} \qquad \begin{cases} 2x - y = 1 \\ x - 2y = -4 \end{cases} \qquad \begin{cases} 2x - 3y = -5 \\ x - 2y = -4 \end{cases}$$

　3つとも，$x = 2$，$y = 3$

24 2年 貯金箱

(）組 （ ）番　名前（ ）

お母さんは500円玉貯金を始めました。

毎日500円玉1枚を貯金箱に入れることにしました。

しかし，500円玉がないときもあります。そのときは100円玉1枚を入れることにしました。

30日過ぎたとき，13000円貯まっていました。

500円硬貨，100円硬貨はそれぞれ何枚ありましたか？

＼ 解 説 ／

連立方程式を立てて実際的な問題を解決することができる。

【解答】

500円硬貨が x 枚，100円硬貨が y 枚あるとする。

$$\begin{cases} x + y = 30 \\ 500x + 100y = 13000 \end{cases}$$

これより，$x = 25$，$y = 5$

500円硬貨25枚，100円硬貨 5 枚

どう進める？

500円だけだったら，$500 \times 30 = 15000$。実際は13000円。

その差は2000円，$500 - 100 = 400$なので，$2000 \div 400 = 5$

これより，5 回は400円少ない100円玉を入れたことになる。

このような解き方も必要に応じて認めたい。

発展のヒント

同じ条件で，「60日後に貯金箱には24000円入っていた。500円硬貨，100円硬貨はそれぞれ何枚あったか？」

$$\begin{cases} x + y = 60 \\ 500x + 100y = 24000 \end{cases}$$

これより，$x = 45$，$y = 15$

25 還元ポイント

(　　)組 (　　)番　名前(　　　　　　　　　)

　お父さんとお母さんは，電子マネーで買い物をするようになりました。それぞれポイントを貯めています。

　お父さんが貯めたポイントから，お母さんへ3000ポイント移すと2人のポイントは同じになるといいます。

　逆にするとお父さんのポイントは，お母さんのポイントの3倍になるといいます。

　それぞれ何ポイントもっているのでしょう？

解 説

ねらいは何？

自ら方程式を立てて実際的な問題を解決することができる。

【解答】

お父さんが x ポイント，お母さんが y ポイントもっているとする。

$$\begin{cases} x-3000= y +3000 \\ x +3000= 3\,(y -3000) \end{cases}$$

これより，$x =15000,\ y =9000$

どう進める？

お父さんが貯めたポイントから，お母さんへ3000ポイント移すと等しいという状況を等式でどう表現するかということが重要になる。それぞれの増減を式で表現させるようにしたい。これは両者の差が3000＋3000＝6000，と言い換えてもよいだろう。

発展のヒント

一般に移動するポイントを a とすると，どうなるだろう？

$$\begin{cases} x - a=y + a \\ x + a= 3\,(y - a) \end{cases}$$

これより，$x = 5\,a,\ y = 3\,a$

2年

26 飲み物

（　　　）組　（　　　）番　名前（　　　　　　　　　　　　）

1000円で7本の飲み物を買いたい。

自動販売機で130円と160円のペットボトルを買うことにしました。

おつりのないように7本買うには，それぞれ何本買えばよいのでしょう。

160円　130円

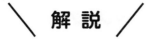

解 説

ねらいは何？

連立方程式を立てて実際的な問題を解決することができる。

【解答】

130円のペットボトルを x 本，160円のペットボトルを y 本買うとする。

$$\begin{cases} x + y = 7 \\ 130x + 160y = 1000 \end{cases}$$

これより，$x = 4$，$y = 3$

130円のペットボトル 4 本，160円のペットボトル 3 本買えばちょうど1000円。

どう進める？

以下のような解法もあるだろう。必要に応じて認めてもよい。

130円のペットボトルを 7 本買ったら，$130 \times 7 = 910$ となり，90円余る。$160 - 130 = 30$ なので，$90 \div 30 = 3$ で160円のペットボトルを 3 本買えば，ちょうど1000円になる。よって，130円 4 本，160円 3 本。

また，130円のペットボトルを x 本買うとすると，160円のペットボトルは（$7 - x$）本，$130x + 160(7 - x) = 1000$ より，$x = 4$

発展のヒント

省略。

2年 27 一次関数のグラフ（1）

（　　　）組　（　　　）番　名前（　　　　　　　　　　）

●一次関数のグラフをかきなさい。

① $y = 2x + 4$
② $y = 2x - 4$
③ $y = -2x + 4$
④ $y = -2x - 4$

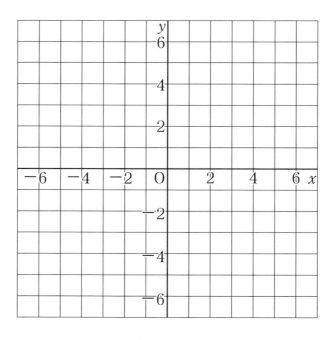

解 説

ねらいは何？

一次関数のグラフの傾きと切片の符号を変えてできる4本の直線で囲まれた部分はひし形になることを理解することができる。

【解答】

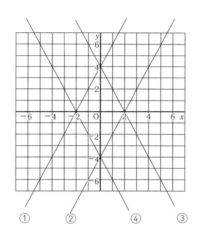

① ② ④ ③

どう進める？

一次関数 $y = 2x + 4$ の傾きと切片の符号を変えた式4つを黒板に提示する。それらをかくとどうなるか？　予想を立てさせて，ワークシートを配付してグラフをかかせる。その結果を隣同士で確認し合う。

発展のヒント

別の一次関数を取り上げ，傾きと切片の符号を変えた4つの一次関数のグラフはどうなるか追究させてもよい。

例えば，$y = x + 3$ の傾きと切片の符号を変えた4つの式のグラフ

$y = -x + 3$，$y = x - 3$，$y = -x - 3$

2年
28 一次関数のグラフ（2）

（　　　）組　（　　　）番　名前（　　　　　　　　　）

● 4本の直線で囲まれた部分が正方形になりました。

　4つの頂点は（0，5），（5，0），（0，−5），（−5，0）です。

　①，②，③，④の直線の式を求めなさい。

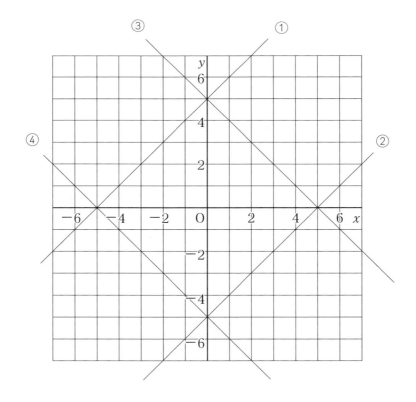

＼ 解 説 ／

ねらいは何？

　４つの直線の一次関数のグラフで囲まれた部分が正方形になる直線の式を求めることができる。

【解答】

① $y = x + 5$

② $y = x - 5$

③ $y = -x + 5$

④ $y = -x - 5$

どう進める？

　傾きと切片の正負の符号を組み合わせてできる４つの式になることを意識させたい。

発展のヒント

　省略。

2年 29 一次関数のグラフ（3）

（　　）組　（　　）番　名前（　　　　　　　　　）

● 一次関数のグラフをかきなさい。

① $y = x + 2$

② $y = 2x + 3$

③ $y = 3x + 4$

④ $y = 4x + 5$

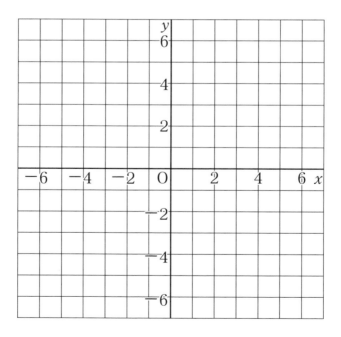

グラフにはどんな特徴がありますか？

解 説

一次関数のグラフをかき，そのパターンを発見することができる。

【解答】

与えられた一次関数のグラフはいつも1点（－1，1）を通る。

なぜ，この定点を通るのか？

与えられている一次関数は一般に $y = ax + (a + 1)$ のように書ける。

これを変形して，

$y - 1 = a(x + 1)$

a の値に関係なくこの等式が成り立つためには，

$(x,\ y) = (-1,\ 1)$

これが定点の座標。

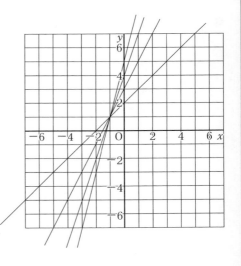

どう進める？

$y = x + 2$ のように，切片が傾きより1多い式を黒板に4つ提示して，それらのグラフはどうなるか，という課題を提示する。その後，ワークシートを配付してグラフをかかせ，その結果を隣同士で確認し合う。なぜ，定点を通るかについては生徒の実態に応じて対応してよいだろう。

発展のヒント

一次関数のグラフの傾き，切片を一定の関係で変化させるとどうなるか，という問題に取り組ませてもよいだろう。例えば，傾き＝切片＋1のとき，グラフはどうなるか，などである。

2年 30 一次関数のグラフ（4）

（　　　）組　（　　　）番　名前（　　　　　　　　　　　　）

●一次関数のグラフをかきなさい。

① $y = 2x - 1$

② $y = 3x - 2$

③ $y = 4x - 3$

④ $y = 5x - 4$

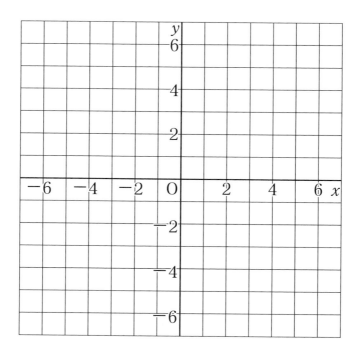

解 説

ねらいは何?

一次関数のグラフをかき，そのパターンを発見することができる。

【解答】

与えられた一次関数のグラフはいつも
1点（1，1）を通る。

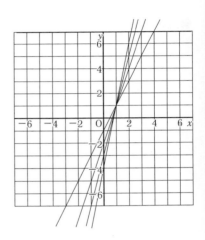

どう進める?

与えられている一次関数は，一般に $y = ax - (a - 1)$

これを変形して，$y - 1 = a(x - 1)$

a の値に関係なくこの等式が成り立つためには，

$(x, y) = (1, 1)$ になることが必要。

ゆえに，定点（1，1）を通る。

なぜ，一定点を通るかの説明は，生徒の実態に応じて対応してよいだろう。

発展のヒント

$y = ax - (a - 1)$ の形の方程式 $y = x$，$y = -x + 2$，$y = -2x + 3$ も
（1，1）を通るかを確かめさせてもよいだろう。

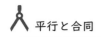

2年

31 多角形の外角の和

( ) 組 ( ) 番 名前 ( )

●五角形の外角の和は何度でしょうか？

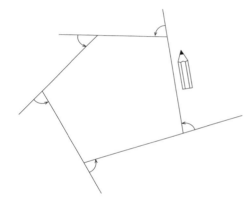

鉛筆を辺に沿って動かします。
1周回って元の位置に戻ります。

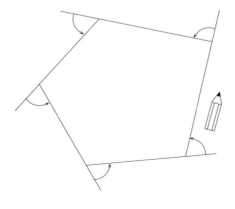

六角形のときも
元の位置に戻りますか？

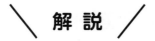

解 説

ねらいは何？

　多角形の辺に沿って移動する矢印操作を通して，外角の和が360°となることを体験的に理解することができる。

【解答】

　1つの頂点に角を移動する。

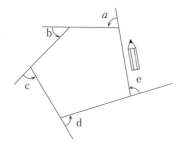
　　　　　　1つの頂点に角を移動
　　　　　　→

$$a+b+c+d+e=360°$$

どう進める？

　黒板上の多角形で鉛筆を使って教師が実演する。その後，ワークシートを配付して，生徒各自の鉛筆を矢印に見立てて辺に沿って元の位置に戻る体験をさせる。このことより，外角の和が360°となることを導きたい。

　多角形の外角の和は360°を何気なく覚えている生徒も多い。元の位置に戻るには1回転する（360°）必要があることを体験的に理解させたい。

発展のヒント

多角形の外角和（180°×2）からその内角和を導くことも可能。

　　n 多角形の内角の和＝180×(頂点の数 n)−外角の和

　　　　　　　　　＝180°× n −180°×2＝180°$(n-2)$

2年

32 角度の問題

( ) 組 ( ) 番 名前 ( )

●図を見て角度 x を求めなさい。ただし，$\ell \parallel m$ です。

①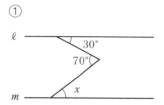

②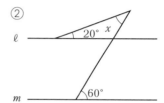

③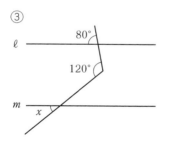

④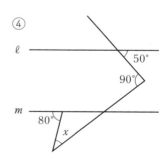

⑤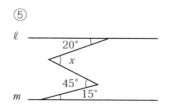

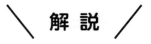

解 説

ねらいは何？

想像力を働かせ、図形の性質を活用して角度を求めることができる。

【解答】

① $x=40°$, ② $x=40°$, ③ $x=40°$, ④ $x=40°$, ⑤ $x=50°$
（注：⑤だけが50°）

どう進める？

平行線の性質，三角形の外角，対頂角などの性質を使って角度を求めるには，大胆な想像力が必要である。

例えば，新たに平行線を引く，あるいは三角形を新たにつくる，などである。

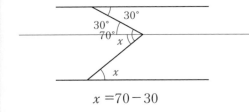

$x = 70 - 30$

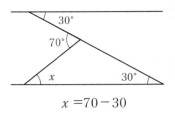

$x = 70 - 30$

想像力を自由に働かせるために，最初は図だけを見て角度を求めさせる方がよいだろう。それが難しい場合には図に補助線を入れ，問題を解かせてもよい。

発展のヒント

省略。

2年
33 正方形と正三角形

（　　　）組 （　　　）番　名前（　　　　　　　　　　　）

●次のような正方形 ABCD，正三角形 BEC，正三角形 CDF があります。
　このとき，線分 AF を作図しなさい。

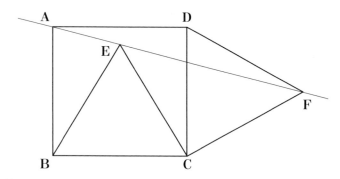

点 E は線分 AF 上にありますか？
自分の予想が正しいかどうか確かめましょう。

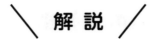

解 説

ねらいは何？

　角度を求めることによって，3つの点が同一直線上になることを証明することができる。

【解答】

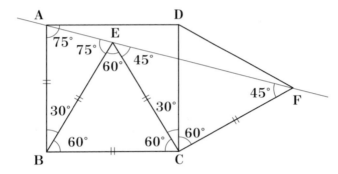

　△ABE は二等辺三角形。△ECF は直角二等辺三角形をもとにすると角度が定まる。

　∠AEB ＋∠BEC ＋∠CEF ＝75°＋60°＋45°＝180°なので，

　3点 A，E，F は同一直線上にある。

どう進める？

　正方形の内部と外部に正三角形を黒板にかき，線分 AF を作図する。そして，「点 E は AF 上にあるか」という問題を提示する。それを確かめるには E の周りの角の和180°になればよいことを全員で確認した後，各自問題に取り組むようにする。

発展のヒント

　省略。

平行と合同

（　　　）組（　　　）番　名前（　　　　　　　　　　）

●印のついた角の大きさの和は何度でしょうか？

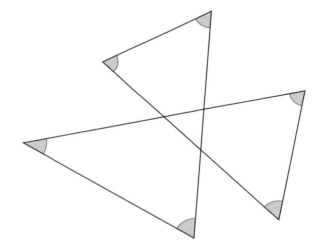

解 説

ねらいは何？

多角形の外角の和は360°を活用して角度の問題を解決することができる。

【解答】

ア＋イ＝ケ，
ウ＋エ＝キ，
オ＋カ＝ク

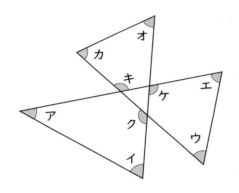

ケ，キ，クは，内部の三角形の外角なので，ケ＋キ＋ク＝360°

よって，内部に三角形ができるように作図すると，

ア＋イ＋ウ＋エ＋オ＋カ＝360°

どう進める？

同じような図形を2つ黒板にかく。まず6つの角の大きさの和を求めることはできるかという問題意識をもたせ，次にそれらの和はいくつかを問うようにする。生徒の中には角についての条件は示されていないので，角の大きさの和は求められないのではと思う生徒もいることを考慮したい。

内部にできる図形が三角形から始め，四角形，五角形の場合を考えさせて，印のついた角度の和が360°となることを発見させていくようにしたい。

発展のヒント

内部が四角形となる場合に8つの角の和はどうなるかについて問題意識をもたせたい。

2年
35 角度の和 (2)

（　　　）組（　　　）番　名前（　　　　　　　　　　　）

●印のついた角の大きさの和は何度でしょうか？

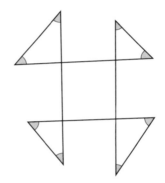

●印のついた角の大きさの和は何度でしょうか？

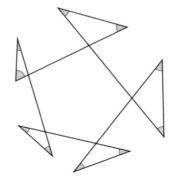

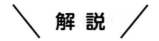

解 説

ねらいは何？

多角形の外角の和は360°を活用して角度の問題を解決することができる。

【解答】

① 360°

② 360°

どう進める？

　内部にできる図形が三角形の場合と同じように，四角形，五角形の場合を考えさせて，印のついた角度の和が360°になることを発見させていくようにしたい。

　それぞれの問題は，多角形の外角の和の問題と同じであることがわかれば，図形が複雑になってもそれらの和はいつも360°である。

発展のヒント

　図のような内部の図形が六角形となる場合をノートにかかせ，六角形の場合も角度の総和が360°になることを各自に確認させたい。

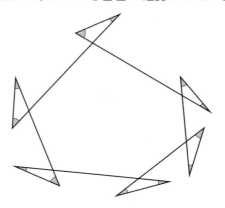

平行と合同

2年
36 合同な図形の重なり（1）

（　　　）組（　　　）番　名前（　　　　　　　　　　　）

● 1辺が10cm の正方形が2つあります。

対角線の交点 P にもう1つの正方形の頂点に重ねます。

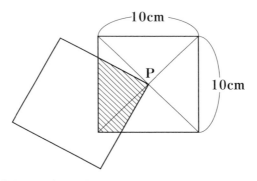

点 P に頂点を重ねて回転させると，

重なった部分の面積はどう変化しますか？

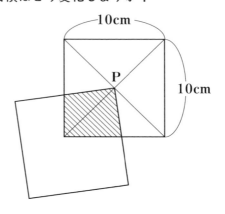

ねらいは何？

図形を移動させ，不変な性質（面積が不変）を見つける。また，合同な条件を使ってその理由を説明することができる。

【解答】

$$■＋▲＋★＝90°$$

▲＝45°なので■＋★＝45°

∠APC ＝■＋∠APB ＝45°より，

∠APB ＝★

PA ＝ PD，∠ PAB ＝∠ PDE より1辺と両端の角が等しいので，

△PBA ≡△ PED

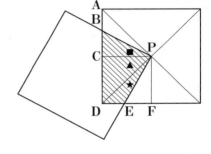

よって，

四角形PBDE の面積＝直角二等辺三角形PAD の面積となり，重なった部分の面積は変化しない。

どう進める？

数学で扱う図形はいろいろな位置に動かすことができることも意識づけるようにしたい。そのために，正方形の用紙とトレース用紙を用意して，問題を説明するとよいだろう。

発展のヒント

正方形ではなく，直角二等辺三角形の場合の「重なり」はどうなるのか？問題意識をもたせ，次ページの問題を取り上げる。

2年 37 合同な図形の重なり（2）

（　　）組（　　）番　名前（　　　　　　　　　　）

●合同な2つの直角二等辺三角形があります。

直角をはさむ辺の長さが4cmです。

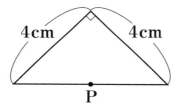

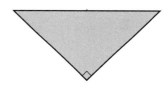

直角二等辺三角形の頂点が，別の直角二等辺三角形の斜辺の中点にあります。

重なり部分の面積は？

①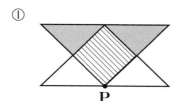

②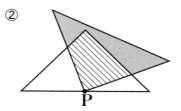

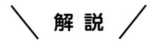

解説

ねらいは何？

　三角形の合同を根拠に，図形の位置が変化しても面積が変わらないことを証明することができる。

【解答】

　1辺と両端の角が等しいので，三角形Aと三角形Bは合同。

　よって重なり部分の面積は，直角二等辺三角形の面積の半分。

　$(4 \times 4 \div 2) \div 2 = 4$　　$4\ \mathrm{cm}^2$

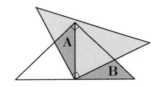

どう進める？

　ここでは問題の条件をかなり簡略化している。問題の条件を必要に応じて補足説明してほしい。また，数学で扱う図形はいろいろな位置に動かすことができることも意識づけるようにしたい。

発展のヒント

　①，②以外の場合を取り上げ，$0° \leqq \alpha \leqq 90°$のとき，重なり部分の面積が変化しないことを議論させてもよいだろう。

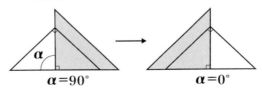

$\alpha = 90°$　　→　　$\alpha = 0°$

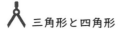

2年
長方形の面積（1）

（　　　）組（　　　）番　名前（　　　　　　　　　　　）

● AB ＝ 3 cm，BC ＝ 6 cm の長方形 ABCD があります。

各辺上の E，F，G，H を結んで四角形 EFGH をつくります。

ただし，AD∥FH です。

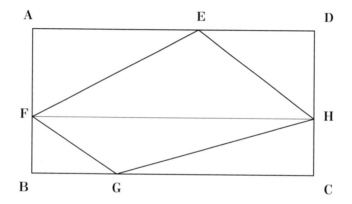

四角形 EFGH の面積を暗算で求めなさい。

解 説

ねらいは何？

長方形の性質を根拠にして面積を暗算で求めることができる。

【解答】

長方形 EFGH の面積は，長方形 ABCD の面積の半分になる。

$18 \div 2 = 9$　　$9 \, \mathrm{cm}^2$

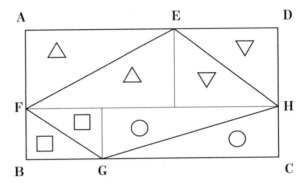

どう進める？

黒板に長方形をかき，AD に平行な線分 FH を引く。AD 上に E，BC 上に G をとり，四角形 FGHE を作図する。「AB = 3 cm，BC = 6 cm のとき，その面積は」という課題を提示する。その後，ワークシートを配付して問題に取り組ませる。どのような補助線を引いて，面積を求めたか隣同士で確認させる。

またこの問題は，「長方形の対角線によって合同な直角三角形に分割される」ということから導かれる。このことを意識させることも重要である。

発展のヒント

「長方形の面積(2)」を提示する。

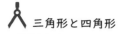
2年
39　長方形の面積（2）

（　　　）組（　　　）番　名前（　　　　　　　　　　）

● AB ＝ 3 cm，BC ＝ 6 cm の長方形 ABCD の内部にある点 P をとり，各
頂点を結びます。

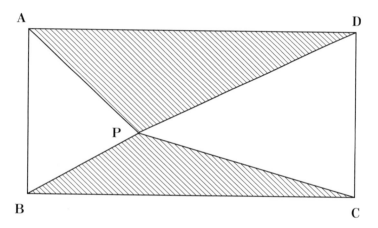

斜線部分の面積は？

解 説

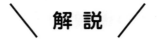

ねらいは何？

長方形の性質を根拠にして面積を暗算で求めることができる。

【解答】

斜線部分の面積は，長方形 ABCD の面積の半分になる。

$18 \div 2 = 9$　　$9 \, \text{cm}^2$

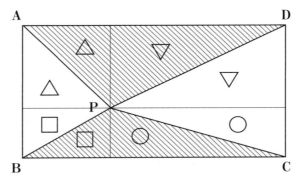

どう進める？

長方形 ABCD を黒板にかく。その内部に点 P をとり，頂点 A，B，C，D と結ぶ。「△ APD と△ BPC を合わせた面積はいくつか」を課題として提示する。

この問題も「長方形の面積(1)」と同様，その答えは長方形の性質から導くことができる。

発展のヒント

省略。

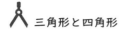
2年 40 長方形の面積（3）

（　　　）組（　　　）番　名前（　　　　　　　　　　）

●長方形 ABCD の対角線 BD 上の P を通り各辺に平行な直線 ℓ，m を引きます。

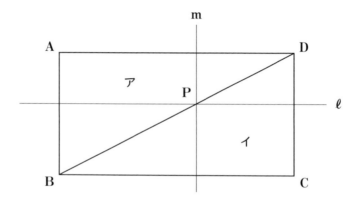

長方形アと長方形イの面積はどちらが大きいですか？

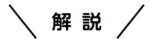

解 説

ねらいは何？

ある事柄を根拠にして，自分の主張の正しさが証明できることを理解することができる。

【解答】

対角線によって長方形は2つの合同な直角三角形に分割される。このことを根拠にすれば，長方形アとイの面積は等しいことが説明できる。

これより，①＝②，③＝④，△ABD＝△CDB

ア＝△ABD－①－③，イ＝△CDB－②－④　よって，ア＝イ

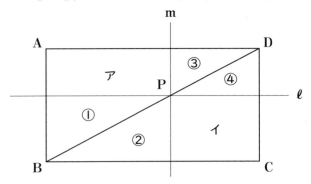

どう進める？

長方形をノートにかかせ，対角線を引かせる。対角線上に点Pをとり，辺に平行な直線ℓ，mを引かせ，長方形アとイを特定化して問題を提示する。まずは結果を自分で予想させたい。長方形の性質を使って，その正しいを証明できるようにしたいものである。

発展のヒント

省略。

3年 41 式の計算の利用

(）組 （ ）番　名前（ ）

●答えはいつもどんな数？
暗算で求めましょう。

$1^2 - 0^2 = 1$

$2^2 - 1^2 = 3$

$3^2 - 2^2 =$

$4^2 - 3^2 =$

$5^2 - 4^2 =$

$6^2 - 5^2 =$

・・・

$20^2 - 19^2 =$

解 説

ねらいは何？

連続する2つの整数の2乗の差は奇数になるというパターンを発見して，文字式を用いて説明することができる。

【解答】

$1^2-0^2=1$

$2^2-1^2=3$

$3^2-2^2=5$

$4^2-3^2=7$

$5^2-4^2=9$

$6^2-5^2=11$

$(n+1)^2-n^2=n^2+2n+1-n^2=2n+1$

20^2-19^2の答えは，$2\times19+1=39$となる。

どう進める？

連続する2つの整数の2乗の差はどうなるかという問題意識をもたせ，式の答えを実際に計算させる。計算していくと答えは奇数になることに気づくだろう。いつも奇数になることを文字式を用いて説明させたい。

発展のヒント

上に示した式で左辺と右辺をたすと，次の式が得られる。

$6^2=1+3+5+7+9+11$

これは，奇数の和（1から順番にたしていく）は平方数というパターンの特別な場合である。いつも平方数になるのか？　発展課題となるだろう。

3年

42 答えはいつも？

( ) 組 ( ) 番 名前 ( )

●次の手順で計算すると，最後の答えはどんな数になりますか？

「手順」
① 2桁の数を選ぶ。
② 十の位の数に3をかけて，一の位の数をたす。
③ もとの数からその数をひく。

（例）45を選ぶ

45 ⟶ 4 × 3 + 5 = 17，45 − 17 = 28

同じように計算。

26 ⟶ 2 × 3 + 6 = 12，26 − 12 = 14

25 ⟶ 2 × 3 + 5 = 11，25 − 11 = 14

72 ⟶ 7 × 3 + 2 = 23，72 − 23 = 49

最後の答えはどんな数？

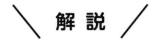

解 説

ねらいは何？

　2桁の整数に施す計算の最後の答えが7の倍数になることを発見して，文字式を使って説明することができる。

【解答】

　一般に2桁の整数を$10a + b$とする。

$$10a + b \longrightarrow 3a + b, \quad 10a + b - (3a + b) = 7a$$

よって，最後の答えは，最初の数の十の位を7倍した数になる。

どう進める？

　2桁の数を1つ選び，手順にしたがってその計算手順を示す。いくつかの例を通してその手順を理解させ，後は自分で2桁の整数を選んで同じように計算させる。最後の答えをクラス全体で集約すると，それが7の倍数になっていることに気がつくだろう。

　その後，2桁の整数を$10a + b$と表現して，最後の答えが$7a$となることを説明してほしいものである。

発展のヒント

　最後の答えが42になるのはどんなとき？　さらに3倍するところを4倍にしたらどうなるか？　また5倍にしたらどうなるかなど，考察させてもよいだろう。

20×20までの暗算

（　　　）組　（　　　）番　名前（　　　　　　　　　　　）

●例と同じように計算しましょう。

（例） $12×12=(10+2)(10+2)$
$=100+20+20+4=144$

×	10	2	
10	100	20	120
2	20	4	24
			144

$13×13=(10+3)(10+3)$
$=100+30+\quad+\quad=$

×	10	3
10	100	30
3		

$14×14=(10+4)(10+4)$
$=$

×	10	4
10	100	
4		

$15×15=(10+5)(10+5)$
$=$

$16×14=(10+6)(10+4)$
$=$

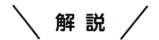

解　説

ねらいは何？

乗法公式を活用して，11×11〜20×20の計算が暗算でできる。

【解答】

$$13 \times 13 = (10+3)(10+3) = 100+30+30+9 = 169$$
$$14 \times 14 = (10+4)(10+4) = 100+40+40+16 = 196$$
$$15 \times 15 = (10+5)(10+5) = 100+50+50+25 = 225$$
$$16 \times 14 = (10+6)(10+4) = 100+60+40+24 = 224$$

×	10	3	
10	100	30	130
3	30	9	39
			169

どう進める？

$(10+a)(10+b)$ の計算の答えは，$10a+10b+ab$ に100をたせば求められる。そのことを図的に表現したのが次の図である。

×	10	a	
10	100	$10a$	$100+10a$
b	$10b$	ab	$10a+ab$
			$100+10a+10b+ab$

　個別に練習した後は，20×20までのかけ算の答えを手元に置いて，ペアで問題の出し合いをして暗算の練習をしてもよい。

発展のヒント

　他の計算も同じようなパターンが成り立つので，13×17，12×18などの計算も簡単に答えが出せる。

$$13 \times 17 = (10+3)(10+7) = 100+30+70+21 = 221$$
$$12 \times 18 = (10+2)(10+8) = 100+20+80+16 = 216$$

3年 44 乗法公式の活用

( ) 組 ( ) 番 名前 ( )

●答えはどんな減り方をしますか?

$30 \times 30 = 900$

$31 \times 29 =$

$32 \times 28 =$

$33 \times 27 =$

$34 \times 26 =$

$35 \times 25 =$

解 説

ねらいは何？

乗法公式 $(a + n)(a - n) = a^2 - n^2$ を活用して計算のパターンを説明することができる。

【解答】

差は 1，3，5，7，9 …（奇数）ずつ減少していく。

$$30 \times 30 = 900 \quad\Big\rangle\, 1$$
$$31 \times 29 = 899 \quad\Big\rangle\, 3$$
$$32 \times 28 = 896 \quad\Big\rangle\, 5$$
$$33 \times 27 = 891 \quad\Big\rangle\, 7$$
$$34 \times 26 = 884 \quad\Big\rangle\, 9$$
$$35 \times 25 = 875$$

$$a \times a \quad \Leftrightarrow \quad (a + n)(a - n)$$
$$a^2 \qquad\qquad a^2 - n^2$$

差 $= n^2$

$$1 + 3 + 5 + 7 + 9 + \cdots = n^2$$

どう進める？

電卓を使って計算させ，その答えがどう変化しているかに注目させる。

1，3，5，7，9，…と奇数ずつ減少していくことに気づかせ，他の場合もそうなっているかを確かめさせたい。その後，なぜいつも奇数ずつ減少するのか？　乗法公式と関連づけて説明させるようにする。

発展のヒント

次のように表現をすると，奇数の和が平方数となることは簡単に示せる。

$$1 + 3 = 2^2$$
$$1 + 3 + 5 = 3^2$$
$$1 + 3 + 5 + 7 = 4^2$$
$$1 + 3 + 5 + 7 + 9 = 5^2$$
$$1 + 3 + 5 + 7 + 9 + 11 = 6^2$$

45 じじばば数

(　　)組 (　　)番　名前(　　　　　　　　　)

● 6633, 3366のような数を「じじばば数」と呼びます。
「じじばば数」の差を求めましょう。

```
  6 6 3 3          5 5 1 1          7 7 2 2
－ 3 3 6 6        － 1 1 5 5        － 2 2 7 7
  3 2 6 7
```

●「じじばば数」の差にはどんな性質がありますか？　調べましょう。

```
　　－　　　　　　　　　－　　　　　　　　　　－
```

おじいさんやおばあさんのこ
とを，「じじばば」と呼んで
はいけませんよ！

104

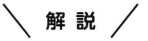

解 説

ねらいは何？

「じじばば数」の差が1089の倍数（1089，2178，3267，4356，5445，6534，7623，8712）になっていることを文字式で説明することができる。

【解答】

```
  6 6 3 3          5 5 1 1          7 7 2 2
− 3 3 6 6        − 1 1 5 5        − 2 2 7 7
─────────        ─────────        ─────────
  3 2 6 7          4 3 5 6          5 4 4 5
```

$1000a + 100a + 10b + b - (1000b + 100b + 10a + a)$

$= (a - b)(1000 + 100 - 10 - 1) = 1089 (a - b)$　ただし，$a > b$

「じじばば数」の差は1089の倍数。

どう進める？

2つの数でできる「じじばば数」の差はどうなるか問題意識をもたせ，実際に計算させる（電卓可）。一覧表にしていろいろな気づきについて話し合うのもよいだろう。その後，「じじばば数」を$1000a + 100a + 10b + b$と表して，その差が1089の倍数となっていることを説明してほしいものである。

発展のヒント

1089の倍数には次のような性質がある。

・4つの位の数の和は18になる。

・和が10になる2つの数のかけ算の答えは，位の数が逆転する。

$1089 × 2 = 2178$　⇔　$1089 × 8 = 8712$

$1089 × 3 = 3267$　⇔　$1089 × 7 = 7623$

$1089 × 4 = 4356$　⇔　$1089 × 6 = 6534$

イカイカ数

3年

(　　)組 (　　)番 　名前(　　　　　　　　　　　)

●6363，5252のような数を「イカイカ数」と呼びます。

2つの数でできる「イカイカ数」の差を計算しましょう。

```
  6 3 6 3          7 5 7 5          8 5 8 5
- 3 6 3 6        - 5 7 5 7        - 5 8 5 8
─────────        ─────────        ─────────
  2 7 2 7
```

●「イカイカ数」の差にはどんな性質がありますか？　調べましょう。

```
─────────        ─────────        ─────────
```

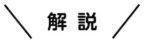

解 説

ねらいは何？

　「イカイカ数」の差が909の倍数（909，1818，2727，3636，4545，5454，6363，7272）になっていることを文字式で説明することができる。

【解答】

$$
\begin{array}{r}
6363 \\
-\ 3636 \\
\hline
2727
\end{array}
\qquad
\begin{array}{r}
7575 \\
-\ 5757 \\
\hline
1818
\end{array}
\qquad
\begin{array}{r}
8585 \\
-\ 5858 \\
\hline
2727
\end{array}
$$

$$1000a + 100b + 10a + b - (1000b + 100a + 10b + a)$$
$$= (a - b)(1000 - 100 + 10 - 1) = 909\,(a - b) \quad ただし，a > b$$

「イカイカ数」の差は909の倍数。

どう進める？

　2つの数でできる「イカイカ数」の差はどうなるか問題意識をもたせ，実際に計算させる（電卓可）。一覧表にしていろいろな気づきについて話し合うのもよいだろう。その後，「イカイカ数」を$1000a + 100b + 10a + b$と表して，その差が909の倍数となっていることを説明してほしいものである。

発展のヒント

　「イカイカ数」から類推して「イカカイ数」の差はどうなるか探究するのもよいだろう。その差は891の倍数になる。

$$
\begin{array}{r}
6336 \\
-\ 3663 \\
\hline
2673
\end{array}
\qquad
\begin{array}{r}
7557 \\
-\ 5775 \\
\hline
1782
\end{array}
\qquad
\begin{array}{r}
2112 \\
-\ 1221 \\
\hline
891
\end{array}
$$

3年

47 平方根の表現

( )組 ( )番 名前 ( )

●次の数を $a\sqrt{b}$ の形に直しなさい。

$\sqrt{8}=$

$\sqrt{18}=$

$\sqrt{32}=$

$\sqrt{50}=$

$\sqrt{72}=$

$\sqrt{98}=$

$\sqrt{128}=$

\ **解 説** /

ねらいは何？

平方根を $n\sqrt{2}$ の形で表すことができる。

【解答】

$$\sqrt{8} = 2\sqrt{2}$$

$$\sqrt{18} = 3\sqrt{2}$$

$$\sqrt{32} = 4\sqrt{2}$$

$$\sqrt{50} = 5\sqrt{2}$$

$$\sqrt{72} = 6\sqrt{2}$$

$$\sqrt{98} = 7\sqrt{2}$$

$$\sqrt{128} = 8\sqrt{2}$$

どう進める？

　根号の中の数を素因数分解すると，外に出す数を見つけやすくなることを意識づけるようにしたい。

発展のヒント

　省略。

3年

根号を含む式の加減（1）

（　　　）組　（　　　　）番　名前（　　　　　　　　　　　　　　　）

●次の計算を暗算でしなさい。

$\sqrt{12}+\sqrt{3}=$

$\sqrt{18}-\sqrt{2}=$

$\sqrt{20}+\sqrt{5}=$

$\sqrt{24}-\sqrt{6}=$

$\sqrt{27}+\sqrt{3}=$

＼ 解 説 ／

平方根を含む簡単な計算を暗算ですることができる。

【解答】

$$\sqrt{12}+\sqrt{3}=2\sqrt{3}+\sqrt{3}=3\sqrt{3}$$

$$\sqrt{18}-\sqrt{2}=3\sqrt{2}-\sqrt{2}=2\sqrt{2}$$

$$\sqrt{20}+\sqrt{5}=2\sqrt{5}+\sqrt{5}=3\sqrt{5}$$

$$\sqrt{24}-\sqrt{6}=2\sqrt{6}-\sqrt{6}=\sqrt{6}$$

$$\sqrt{27}+\sqrt{3}=3\sqrt{3}+\sqrt{3}=4\sqrt{3}$$

どう進める？

ワークシートを配付して，暗算で答えを出すことを伝える。

簡単な平方根の計算は暗算でできるようになってもらいたいものである。

発展のヒント

$\sqrt{8}$，$\sqrt{12}$，$\sqrt{18}$，$\sqrt{20}$，$\sqrt{24}$，$\sqrt{27}$，$\sqrt{28}$，$\sqrt{32}$ などを使って，$\sqrt{a}$ を $b\sqrt{c}$ の形にスムーズに変えられるようにペアで練習するのもよいだろう。

生徒 A：「$\sqrt{18}$は？」，生徒 B：「$3\sqrt{2}$」など

平方根

3年

根号を含む式の加減 (2)

（　　　）組　（　　　）番　　名前（　　　　　　　　　　　　）

●次の式を簡単にしなさい。

$\sqrt{18} + \sqrt{32} - \sqrt{50} =$

$\sqrt{12} - \sqrt{27} + \sqrt{48} =$

$-\sqrt{20} + \sqrt{45} + \sqrt{80} =$

解 説

ねらいは何?

根号を含む式を $a\sqrt{b}$ の形にして簡単な式に直すことができる。

【解答】

$$\sqrt{18}+\sqrt{32}-\sqrt{50}=3\sqrt{2}+4\sqrt{2}-5\sqrt{2}=2\sqrt{2}$$

$$\sqrt{12}-\sqrt{27}+\sqrt{48}=2\sqrt{3}-3\sqrt{3}+4\sqrt{3}=3\sqrt{3}$$

$$-\sqrt{20}+\sqrt{45}+\sqrt{80}=-2\sqrt{5}+3\sqrt{5}+4\sqrt{5}=5\sqrt{5}$$

答えは作為的に $n\sqrt{n}$ の形とした。

どう進める?

省略。

発展のヒント

答えが $6\sqrt{6}$, $7\sqrt{7}$ になる平方根の計算の式をつくるのもよいだろう。

3年 50 因数分解による 二次方程式の解き方（1）

（　　　）組　（　　　　）番　　名前（　　　　　　　　　　　　　　　　）

●次の式を簡単にしなさい。

$x^2 - 3x + 2 = 0$

$x^2 - 4x + 3 = 0$

$x^2 - 5x + 4 = 0$

$x^2 - 6x + 5 = 0$

$x^2 - 7x + 6 = 0$

解 説

因数分解によって簡単な二次方程式を解くことができる。

【解答】

$$x^2 - 3x + 2 = (x-1)(x-2) = 0 \quad x = 1,\ x = 2$$
$$x^2 - 4x + 3 = (x-1)(x-3) = 0 \quad x = 1,\ x = 3$$
$$x^2 - 5x + 4 = (x-1)(x-4) = 0 \quad x = 1,\ x = 4$$
$$x^2 - 6x + 5 = (x-1)(x-5) = 0 \quad x = 1,\ x = 5$$
$$x^2 - 7x + 6 = (x-1)(x-6) = 0 \quad x = 1,\ x = 6$$

取り上げた二次方程式は $x^2 - (n+1)x + n = 0$ の形で $(x-1)(x-n) = 0$ に因数分解できる。

どう進める？

省略。

発展のヒント

解にあるパターンをさらに続けるには，どんな方程式になるか議論させてもよいだろう。

$$x^2 - 8x + 7 = 0 \quad x = 1,\ x = 7$$
$$x^2 - 9x + 8 = 0 \quad x = 1,\ x = 8$$
$$\cdot \ \cdot \ \cdot$$

二次方程式

3年 51　因数分解による
二次方程式の解き方 (2)

（　　）組　（　　）番　名前（　　　　　　　　　）

●次の式を簡単にしなさい。

$x^2 + 2x - 24 = 0$

$x^2 - 2x - 24 = 0$

$x^2 + 5x - 24 = 0$

$x^2 - 5x - 24 = 0$

$x^2 + 10x - 24 = 0$

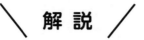

解 説

ねらいは何？

定数項がすべて−24の二次方程式を因数分解によって解くことができる。

【解答】

$x^2 + 2x - 24 = (x - 4)(x + 6) = 0 \quad x = 4,\ x = -6$

$x^2 - 2x - 24 = (x + 4)(x - 6) = 0 \quad x = -4,\ x = 6$

$x^2 + 5x - 24 = (x - 3)(x + 8) = 0 \quad x = 3,\ x = -8$

$x^2 - 5x - 24 = (x + 3)(x - 8) = 0 \quad x = -3,\ x = 8$

$x^2 + 10x - 24 = (x - 2)(x + 12) = 0 \quad x = 2,\ x = -12$

　−24を2数の積として瞬時に見ることができるようになることがポイント。

どう進める？

省略。

発展のヒント

　定数項が−24で，因数分解ができる二次方程式には他に以下のものがある。これを探し出すのもよい課題だろう。

$x^2 - 10x - 24 = (x + 2)(x - 12) = 0 \quad x = -2,\ x = 12$

$x^2 + 23x - 24 = (x - 1)(x + 24) = 0 \quad x = 1,\ x = -24$

$x^2 - 23x - 24 = (x + 1)(x - 24) = 0 \quad x = -1,\ x = 24$

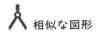 相似な図形

3年 52 直角三角形 ABC の CB の長さ（1）

（　　　）組　（　　　）番　名前（　　　　　　　　　　　）

● AB ＝ 7 cm，DB ＝ 5 cm のとき，CB ＝ ?

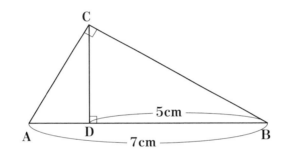

直角三角形を取り出して並びかえ

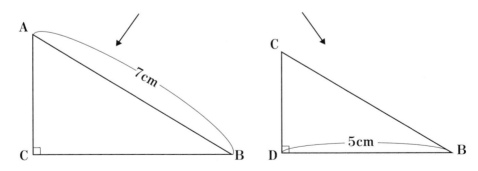

△ ACB ∽ △ CDB を使って CB の長さを求めましょう。

解　説

ねらいは何？

直角三角形 ABC において相似な三角形を見つけて，CB の長さを求めることができる。

【解答】

△ACB ∽ △CDB より，

CB：5 = 7：CB　$CB^2 = 35$

よって，CB $= \sqrt{35}$

どう進める？

この問題の場合も，直角三角形 ABC の中に相似な直角三角形がどこにあるかを見つけることからはじめたい。直角三角形を取り出して並べかえると対応する辺がはっきりする。

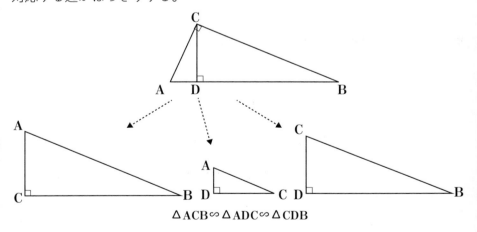

△ACB ∽ △ADC ∽ △CDB

発展のヒント

省略。

53
3年
直角三角形 ABC の CB の長さ（2）

（　　）組（　　）番　名前（　　　　　　　　　　）

● AB = 7 cm，DB = 6 cm のとき，CB = ?

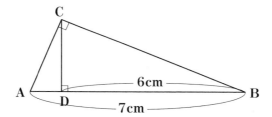

● AB = 7 cm，DB = 4 cm のとき，CB = ?

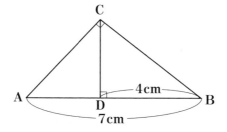

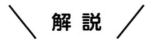

解 説

ねらいは何？

直角三角形 ABC において，相似な三角形の性質から，CB の長さを求めることができる。

【解答】

AB ＝ 7 cm，DB ＝ 6 cm のとき，CB ＝$\sqrt{42}$

AB ＝ 7 cm，DB ＝ 4 cm のとき，CB ＝$\sqrt{28}$＝ $2\sqrt{7}$

どう進める？

問題を振り返り，「CB の長さは，AB，DB の長さとどのような関係がある？」「AB，DB の長さから CB の長さを知る方法はない？」などの発問を通して，両者の関係に注目をさせたい。

発展のヒント

両者の関係を見つけるために，「直角三角形 ABC の CB の長さ(3)」のワークシートに取り組ませたい。

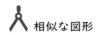

3年

54 直角三角形 ABC の CB の長さ（3）

（　　　）組（　　　）番　名前（　　　　　　　　　　　　　　）

● AB = a, DB = b のとき，CB を a, b で表しましょう。

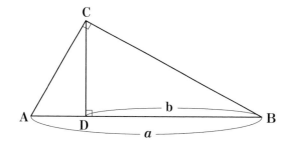

解 説

ねらいは何？

直角三角形 ABC において AB $= a$，DB $= b$ とすると，CB $= \sqrt{ab}$ になることを証明することができる。

【解答】

$\triangle$ ACB $\backsim \triangle$ CDB より，CB : $b = a$: CB

よって，CB $= \sqrt{ab}$

どう進める？

CB $= \sqrt{ab}$ になることが証明できたら，先に取り組んでいた問題の CB も $\sqrt{ab}$ になっていることを確認したい。

発展のヒント

AB $= a$，DB $= b$ のとき，CB が $\sqrt{ab}$ になるというのは，a, b を 2 辺とする長方形（四角形 DEFB）の面積は CB を 1 辺とする正方形の面積に等しい，ということを意味している。

同様に，AD，AB を 2 辺とする長方形の面積は CA を 1 辺とする正方形の面積に等しい。これより「斜辺上の正方形の面積は直角を挟む 2 つの辺上の正方形の面積の和に等しい」（三平方の定理）を導き出すことも可能である。

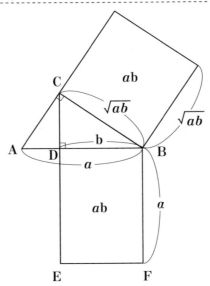

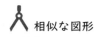

3年 55 直角三角形 ABC の CD の長さ（I）

（　　　）組　（　　　）番　　名前（　　　　　　　　　　　　）

● AD ＝ 1 cm，DB ＝ 6 cm のとき，CD ＝ ？

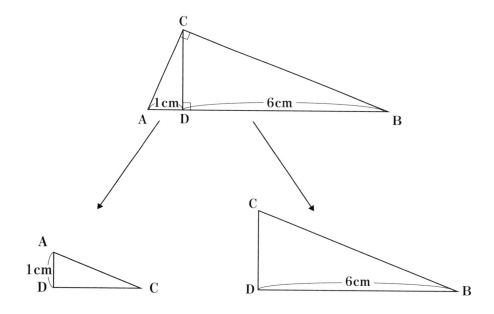

△ ADC ∽△ CDB を使って CD を求めましょう。

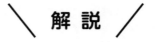

解 説

ねらいは何？

直角三角形 ABC において相似な三角形を見つけて，CD の長さを求めることができる。

【解答】

$\triangle$ ADC $\backsim$ CDB より，

$1 : CD = CD : 6$　　$CD^2 = 6$

よって，$CD = \sqrt{6}$

どう進める？

直角三角形 ABC の中に相似な直角三角形がどこにあるかを見つけることからはじめたい。直角三角形を取り出して並べかえると対応する辺がはっきりする。

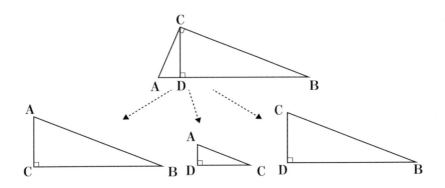

発展のヒント

省略。

3年 56 直角三角形 ABC の CD の長さ（2）

（　　　）組（　　　）番　名前（　　　　　　　　　　　）

● AD = 2 cm，DB = 5 cm のとき，CD = ？

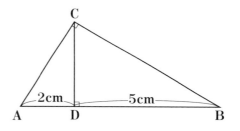

● AD = 3 cm，DB = 4 cm のとき，CD = ？

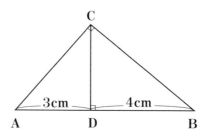

△ADC ∽ △CDB を使って CD を求めましょう。

解 説

ねらいは何？

　直角三角形 ABC において相似な三角形を見つけて，CD の長さを求めることができる。

【解答】

　　AD = 2 cm，DB = 5 cm のとき，CD = $\sqrt{10}$

　　AD = 3 cm，DB = 4 cm のとき，CD = $\sqrt{12}$ = $2\sqrt{3}$

どう進める？

　問題を振り返り，「CD の長さは，AD，DB の長さとどのような関係がある？」「AD，DB の長さから CD の長さを知る方法はない？」などの発問を通して，両者の関係に注目をさせたい。

発展のヒント

　両者の関係を見つけるために，「直角三角形 ABC の CD の長さ(3)」のワークシートに取り組ませたい。

3年 57 直角三角形 ABC の CD の長さ（3）

（　　　）組（　　　）番　名前（　　　　　　　　　　　）

● AD ＝ a，DB ＝ b のとき，CD ＝ ？

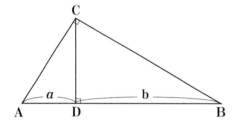

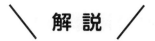

解 説

ねらいは何？

直角三角形 ABC において AD $= a$，BD $= b$ とすると，CD $= \sqrt{ab}$ になることを発見し，証明することができる。

【解答】

$\triangle$ ADC $\backsim \triangle$ CDB より，

a：CD $=$ CD：b　CD$^2 = ab$

よって CD $= \sqrt{ab}$

どう進める？

CD $= \sqrt{ab}$ になることに気がついたら，先に取り組んでいた問題の CD も $\sqrt{ab}$ になっていることを確認するとよいだろう。

発展のヒント

AD $= 1$，DB $= n$ とすると CD $= \sqrt{n}$ となるので $\sqrt{n}$ が作図可能（図１）。

AD $= a$，DB $= b$ とすると，CD は外接する円の半径より小さい。

これより，$\dfrac{a+b}{2} \geqq \sqrt{ab}$（相加平均≧相乗平均）が導き出せる（図２）。

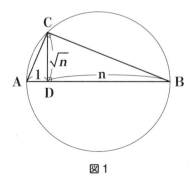

図1

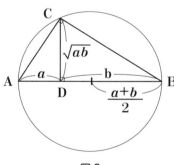

図2

58 長方形の用紙

（　　　）組　（　　　）番　　名前（　　　　　　　　　）

●次のように長方形の用紙を折ると，4つの直角三角形ができます。

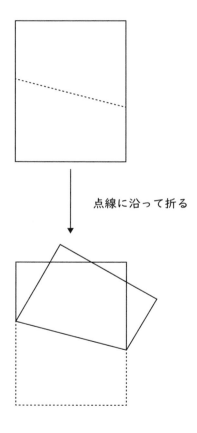

点線に沿って折る

それらはすべて相似といえますか？

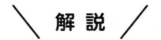

解 説

ねらいは何？

1枚の用紙を折ってできる三角形がすべて相似になることを説明することができる。

【解答】

△ ABC ∽△ EDC ∽△ EFG ∽△ IHG

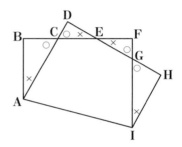

どう進める？

西洋紙1枚を配付して中央部で折り返す。そのとき三角形が4つできる場合がある。それらの三角形はどんな三角形かをクラス全体で問題とする。

それぞれ個人で取り組ませ，その後隣同士で意見交換を通して相似な三角形になることを確認する。

発展のヒント

三角形が3つできる場合も相似な三角形になるかどうか，という問題を提示してもよいだろう。

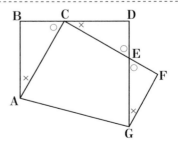

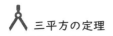

3年 59 三平方の定理の導入（1）

（　　　）組　（　　　）番　名前（　　　　　　　　　）

● 合同な4つの直角三角形を下図のように並べかえます。
直角をはさむ2辺の長さを a，b，斜辺の長さを c として，
三平方の定理を導きなさい。

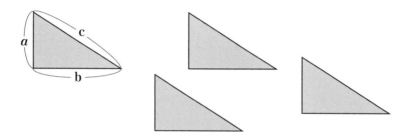

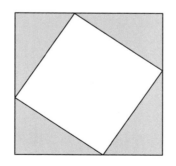

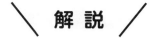

解 説

ねらいは何？

4つの合同な直角三角形を操作しながら，三平方の定理を導くことができる。

【解答】

$(a+b)^2 = c^2 + 4 \times \dfrac{1}{2} ab$ より，

$a^2 + 2ab + b^2 = c^2 + 2ab$

$a^2 + b^2 = c^2$

どう進める？

問題の導入時には，実際に4つの直角三角形を操作して正方形をつくらせる方がよい。また，$a=6$，$b=8$の直角三角形を4枚与えて「斜辺の長さcは？」という問題から入り，後に一般化してもよいだろう。

発展のヒント

下のように並べかえると，外側の枠は変化せず1つの正方形（左側の空白部分）が2つの正方形（右側の空白部分）と面積が等しくなる。

これより$a^2 + b^2 = c^2$を導くこともできる。

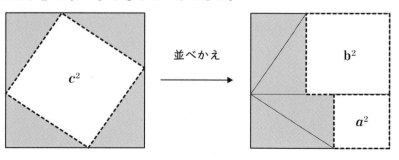

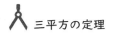

3年
60 三平方の定理の導入（2）

（　　　）組　（　　　）番　名前（　　　　　　　　　　　　）

●合同な 4 つの直角三角形を下図のように並べかえます。
直角をはさむ 2 辺の長さを a，b，斜辺の長さを c として，
三平方の定理を導きなさい。

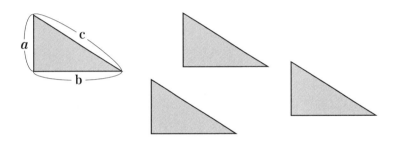

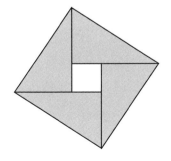

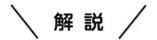

解 説

ねらいは何？

4つの合同な直角三角形を操作しながら，三平方の定理を導くことができる。

【解答】

大きな正方形＝小さな正方形＋4つの直角三角形

$c^2 = (b-a)^2 + 4 \times \dfrac{1}{2}ab$ より，

$c^2 = b^2 - 2ab + a^2 + 2ab$

$c^2 = a^2 + b^2$

どう進める？

直角を挟む2辺の長さを与えて，斜辺の長さを求める問題として提示してもよいだろう。例えば，$a = 3$，$b = 4$ の直角三角形を4枚与えて「斜辺の長さを求めよ」という問題から入り，後に一般化してもよい。

発展のヒント

下のように並べかえると，面積 c^2 の正方形は，2つの正方形の面積 a^2，b^2 の和として表すことができる。

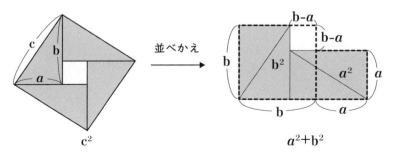

全学年
61　4桁の数

（　　　）組　（　　　）番　名前（　　　　　　　　　　）

● 4桁の数を選び，73をかける。その答えに137をかけます。

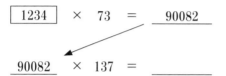

| 1234 | × | 73 | = | 90082 |

90082 × 137 = ＿＿＿＿＿

最後の答えはどうなりますか？

● 4桁の数を選んで同じようにやってみましょう。

☐ × 73 = ＿＿＿＿＿

＿＿＿＿＿ × 137 = ＿＿＿＿＿

☐ × 73 = ＿＿＿＿＿

＿＿＿＿＿ × 137 = ＿＿＿＿＿

理由を説明しましょう。

解 説

　乗法の結合法則を意識して，計算の不思議さを説明することができる。

【解答】

　4桁の数1234の場合，$1234 \times 73 \times 137 = 12341234$となり，最初の4桁が繰り返す数が答えとなる。

　乗法には結合法則が成り立つ。このことを意識すると，

$(1234 \times 73) \times 137$

$= 1234 \times (73 \times 137)$

$= 1234 \times 10001$

$= 12341234$

となる。

　したがって，4桁の数が繰り返す8桁が答えになる。

どう進める？

　ある4桁の数に×73して×137をすると，答えは最初の4桁が繰り返す数になる意外性を大切にしたい。ここでは例は1234を取り上げたが，最初から好きな4桁を選んで計算させてもよい。×73，×137の順番を変えてもよい。$73 \times 137 = 10001$になることがこの不思議な計算の前提であることを意識させたい。73，137はともに素数である。

発展のヒント

　3桁の数の場合はどうなるかを追究させてもよい。この場合，1001を素因数分解できればよいことになる。$1001 = 7 \times 11 \times 13$となるので，これを活用すると3桁の場合も同じような答えになる。

全学年

62 3桁の数の差

（　　　）組 （　　　）番　名前（　　　　　　　　　　　　）

● 3つの数 1，3，5 で3桁の整数をつくります。

135，153，315，351，513，531

6つの数の差を計算します。

$153 - 135 = 18$

$315 - 135 =$

$351 - 135 =$

$513 - 135 =$

$531 - 135 =$

差について気づいたことは何ですか？

最初の3つの数が 2，4，6 のときもそれは成り立ちますか？

解 説

3つの数を並べかえてできる3桁の数の差はいつも9の倍数であることを見つけ，その理由を説明することができる。

【解答】

$315-135=180$　　$351-135=216$

$513-135=378$　　$531-135=396$

2つの数の差は9の倍数。

一般に3つの数 a, b, c（$a \geqq b \geqq c$）を並べかえてできる2つの3桁の数を $100a+10b+c$, $100b+10c+a$ として差を計算してみよう。

$100a+10b+c-(100b+10c+a)$

$=99a+a+9b+b+c-(99b+b+9c+c+a)$

$=99a+a+9b+b+c-99b-b-9c-c-a$

$=99a+9b-99b-9c$

$=99(a-b)+9(b-c)$

$=9(11a-10b-c)$

a, b, c の並び方には関係なくいつも9の倍数である。

どう進める？

まずは1，3，5を並べかえてできる3桁の数の差を電卓で計算する。その過程で9の倍数に生徒たちは気がつくだろう。次に2，4，6のときも，同じように9の倍数であることが言えるのか，課題意識をもたせながら探究させたい。

発展のヒント

省略。

全学年

63 3桁の数の和

（　　　）組（　　　）番　名前（　　　　　　　　　　　　　）

● 3つの数 1 ， 3 ， 5 で 3桁の整数をつくります。

135， 153， 315， 351， 513， 531

6つの数の和を計算します。他にも計算できます。

$135 + 153 = 288$
$153 + 315 =$
$315 + 351 =$
$351 + 513 =$
$513 + 531 =$

和について気づいたことは何ですか？

最初の 3 つの数がどんなときもそれは成り立ちますか？

<h1>解 説</h1>

<h2>ねらいは何？</h2>

3つの数の和が9の倍数ならば，並べかえてできる3桁の数の和はいつも9の倍数であることを見つけ，その理由を説明することができる。

【解答】

$153 + 315 = 468$　$315 + 351 = 666$

$351 + 513 = 864$　$513 + 531 = 1044$

3つの数の和は9の倍数。

一般に3つの数 a, b, c（$a \geqq b \geqq c$）を並べ変えてできる2つの3桁の数を $100a + 10b + c$, $100b + 10c + a$ として和を計算してみよう。

$100a + 10b + c + (100b + 10c + a)$

$= 99a + a + 9b + b + c + (99b + b + 9c + c + a)$

$= 99a + a + 9b + b + c + 99b + b + 9c + c + a$

$= 99a + 9b + 99b + 9c + 2(a + b + c)$

3つの数の和 $a + b + c$ が9の倍数ならば，a, b, c の並び方には関係なくその和は9の倍数である。

<h2>どう進める？</h2>

まずは1，3，5を並べかえてできる3桁の数の和を電卓で計算する。その過程で9の倍数に生徒たちは気がつくだろう。しかし，最初の数の和 $1 + 3 + 5 = 9$ が9の倍数だから，その和が9の倍数になっていることにはなかなか気づきにくい。最初の3つの数の和をいろいろ変えて，3桁の数の和を計算して探究することが必要となるだろう。

<h2>発展のヒント</h2>

省略。

全学年
64　198のパターン

（　　　）組　（　　　）番　名前（　　　　　　　　　　　）

●198をたすと数字が逆になる数がまだあります。
　たくさん見つけましょう。

```
   2 3 4          3 4 5          4 5 6
 + 1 9 8        + 1 9 8        + 1 9 8
 ────────      ────────      ────────
   4 3 2
```

```
   1 5 3          2 5 4          3 5 5
 + 1 9 8        + 1 9 8        + 1 9 8
 ────────      ────────      ────────
```

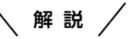

解説

ねらいは何？

198をたすと答えの数字が逆転する3桁を見つけることができる。

【解答】

345	456	153	254	355
+198	+198	+198	+198	+198
543	654	351	452	553

198をたすことは200たして2ひくことと同じ操作であるので，一の位が百の位よりも2多い3桁の数に198をたすと，答えの数字が逆転する。このことを文字式を使って説明する。

$$100a + 10b + a + 2 + 198$$
$$= 100a + 10b + a + 2 + 200 - 2$$
$$= 100(a + 2) + 10b + a$$

このような3桁の数を探すと全部で70個ある。これらの数は，百の位と一の位の差が2となっている3桁の数である。

どう進める？

最初の3題は位の数字が連続する3桁の場合。一瞬，位の数字が連続する3桁がもつ特徴のように思うが，そうではない。その意外性も大切にしたいものである。最初，自分で計算してその答えの驚きと数の多さの意外性を感じさせながら，条件に合う数がどれだけあるかペアやグループで追究させてもよいだろう。

発展のヒント

省略。

数学的パターンの探究

65 142857の性質

(　　)組 (　　)番　名前(　　　　　　　)

●答えにはどんなパターンがありますか？

$142857 \times 2 =$

$142857 \times 3 =$

$142857 \times 4 =$

$142857 \times 5 =$

$142857 \times 6 =$

$142857 \times 7 =$

解 説

ねらいは何？

1 ÷ 7 の循環節142857の数の不思議を体験することができる。

【解答】

142857× 2 ＝285714

142857× 3 ＝428571

142857× 4 ＝571428

142857× 5 ＝714285

142857× 6 ＝857142

142857× 7 ＝999999

答えの位の数が 1 → 4 → 2 → 8 → 5 → 7 と循環する，また前半 3 桁と後半 3 桁が999になる，前半の 3 桁と後半の 3 桁が入れかわるなどの性質がある。

素因数分解すると，142857＝ 3 × 3 × 3 ×11×13×37となる。

どう進める？

電卓を使って計算させ，142857の性質を個人で発見して，後にクラスで確認するようにする。数のもつ不思議な性質をまずは意識させたい。

発展のヒント

1 ÷13の循環節076923にはどんな性質があるかについて探究させよう。

数学的パターンの探究

12345679

( ) 組 ( ) 番　名前 ( )

● 1 から 9 までの数を A に入れて計算します。

$$12345679 \times \boxed{} = \boxed{}$$

A　　　　　　B

● B に 9 をかけます。

B

$$\boxed{} \times 9 = \underline{}$$

最後の答えはどうなりますか？

いつでもそうなる？　他の数を入れて確かめましょう。

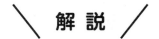

解　説

ねらいは何？

　12345679にある整数をかけ，さらにその積に 9 をかけると，その答えは最初の整数が 9 個並ぶ。この不思議な現象を体験し，素因数分解を通してその理由を考察することができる。

【解答】

　12345679を素因数分解してみよう。小さい素数からはじめて順番にわっていく。37が一番小さい因数であることがわかる。

　12345679＝37×333667となる。素数表によって確認すると，333667は素数。そこで，12345679に 9 をかけてみる。

　12345679× 9
＝37×333667× 9
＝37×333667× 3 × 3
＝37× 3 ×333667× 3
＝111×1001001
＝111111111

となる。これにより，最後の答えは最初の数が 9 個並ぶことになる。

どう進める？

　まず好きな数を選ばせる。電卓を使って12345679にかける計算をし，その答えに 9 をかける。クラス全体ですると，この現象の不思議さがより増すだろう。このような現象をみんなで共有することが大切である。なぜそうなるかは必要に応じて取り上げるようにしたい。後に回しても支障はない。

発展のヒント

　いろいろな整数を入れると最後の答えはどうなるか調べるとよいだろう。

数学的パターンの探究

67 いつも495？

（　　　）組　（　　　）番　名前（　　　　　　　　　　　）

---

① 3つの数を選ぶ。
② それらの数を並び替えて最大数と最小数をつくり差を計算する。
③ 差に出てくる3つの数で最大数と最小数をつくり差を計算する。
④ これを繰り返す。

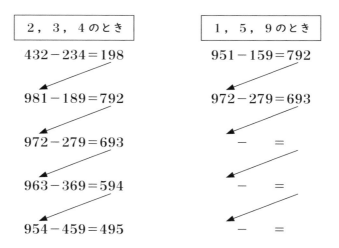

2 , 3 , 4 のとき	1 , 5 , 9 のとき
$432 - 234 = 198$	$951 - 159 = 792$
$981 - 189 = 792$	$972 - 279 = 693$
$972 - 279 = 693$	$-\ \ \ =$
$963 - 369 = 594$	$-\ \ \ =$
$954 - 459 = 495$	$-\ \ \ =$

3つの数を選んで計算しましょう。最後はいつも495？

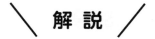

解 説

ねらいは何？

3桁の数の差を求めていくといつも最後は495で終わることを発見して，その理由を考えることができる。

【解答】

3桁の数を$100a + 10b + c$とおく（$1 \leqq c < b < a \leqq 9$）。

これより，

$(100a + 10b + c) - (100c + 10b + a)$

$= 100(a - c) - (a - c) = 99(a - c)$　となる。

よって最初の差はいつも99の倍数。$2 \leqq a - c \leqq 8$で，その差からできる最大数は981，972，963，954の4種類。それぞれの場合に計算を続けて調べると，いつも495で終わることが確かめられる。

どう進める？

最初は計算をどう進めていけばよいかを丁寧に説明して，最後はどうなるかという問題意識をもたせて探究させたいものである。簡単な計算にも驚きのパターンが隠れている例となるだろう。ペアやグループで取り組ませるのもよい。

発展のヒント

『数—その意外な表情』（M. ラインズ，片山孝次訳，岩波書店，1988）によれば，この問題は，1940年代にインドの数学者D. R. カプレカルが提示した問題だという。4桁の場合は最後は6174に到達し，これが繰り返すという。

数学的パターンの探究

全学年
68　いつも1089？

（　　）組　（　　）番　名前（　　　　　　　　　　）

---

① 3桁の数を1つ選ぶ。

たとえば，652

↓

② 位の数字を左右逆に並べた数をつくる。

この場合，256

↓

③ 大きい数から小さい数をひく。

652－256＝396

↓

④ その答えに位の数字を左右逆に並べた数をたす。

396＋693＝1089

問1）123を選ぶと最後はどうなりますか？

問2）自分で3桁の数を選んで計算しましょう。

　　　いつも1089になりますか？

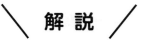

解 説

151のように百の位と一の位が同じ3桁を除いて，この手順で計算すると，いつも1089になることに気がつき，そのことを説明できる。

【解答】

選んだ3桁の整数を$100a + 10b + c$とする（$0 < c < b < a$）。

位の数を左右逆にした数との差は以下のようになる。

$100a + 10b + c - (100c + 10b + a)$

$= 100(a - c) - (a - c)$

$= 99(a - c)$

これより差は，99，198，297，396，495，594，693，792の8種類。

それぞれ，位の数字を左右逆にした数との和を計算すると，いつも1089になる。

どう進める？

計算の手順をよく理解させて，生徒自らどんな場合にも1089に最後はなりそうだという感覚をもたせたい。その後，選んだ数を$100a + 10b + c$と表し，2つの数の差が99（$a - c$）となることを導く。そのことの意味を議論しながら，8つの差それぞれに和を計算して，最後は1089になることを確かめてほしいものである。

発展のヒント

省略。

全学年 69 数当てゲーム

（　　　）組　（　　　）番　　名前（　　　　　　　　　　　）

「3桁の数を1つ選んで。
　その数を当てるわ」

「選んだよ」
　（選んだ数：321）

「その数に77をかけて！」

（321×77＝24717）

「そのかけ算の答えの
　下3桁の数を教えて」

「717だよ」

「選んだ数は321でしょ！」

「え！　なぜわかったの？」

解 説

ねらいは何？

1001に 3 桁の数をかけると，答えは 3 桁の数字が繰り返す 6 桁になる。このことを使って 3 桁の数を当てるしくみを理解することができる。

【解答】

1001に 3 桁の数 abc をかけると，その答えは $abcabc$ の 6 桁の数になる。1001＝ 7 ×11×13なので，相手が選んだ 3 桁の数に77をかけ，その答えの下 3 桁の数だけを教えてもらう。その 3 桁に13をかけると，答えの下 3 桁に相手が選んだ 3 桁の数が現れる。

相手が321を選んだ場合，321×77＝24717→下 3 桁：717

717×13＝9321→下 3 桁に相手が選んだ 3 桁（321）が現れる。

どう進める？

教師が 3 桁の数を当てる役になり，生徒が選んだ 3 桁の数を当てる試みをする。77をかけた答えの下 3 桁を知って，最初に選んだ 3 桁を当てられることを思いつくのはかなり難しいだろう。そこで，1001のかけ算についての性質を確認して，その素因数分解が 1001＝ 7 ×11×13となることを意識させる。 3 桁の数に1001をかける操作を×77と×13に分解して，相手が選んだ 3 桁を最後の数の下 3 桁に出現させるようにしたのがこの方法である。

発展のヒント

10001＝73×137を使うと， 4 桁の数を同じような方法で当てられる。

全学年

70 積最大

(　　)組 (　　)番　名前(　　　　　　　　　)

●20をいくつかの数の和に分けて，積を計算します。

$20 = 10 + 10$ 　　　　　⟶　　積 $= 10 \times 10 = 100$

$20 = 5 + 5 + 10$ 　　　⟶　　積 $= 5 \times 5 \times 10 = 250$

$20 = 2 + 3 + 5 + 10$ 　⟶　　積 $= 2 \times 3 \times 5 \times 10 = 300$

積が300より大きくなる分け方がありますか？

積が最大となるのはどんなときですか？

解　説

　20を数の和に分解して，それらの数の積が最大となる場合を見つけることができる。

【解答】

　20＝3＋3＋3＋3＋3＋3＋2

　　$\longrightarrow$　積＝3×3×3×3×3×3×2＝3^6×2＝1458

どう進める？

　簡単な数についての考察結果をもとに積が最大となる場合を考えるよい機会になるだろう。

　2のとき，2＝1＋1で積が1なので，2は分解しない方がよい

　3のとき，3＝1＋2で積が2なので，3は分解しない方がよい

　4のとき，4＝2＋2で積が4なので，分解してもしなくてもよい

　5のとき，5＝2＋3で積が6なので，5＝2＋3の分解がよい

　6のとき，6＝3＋3で積が9なので，6＝3＋3の分解がよい

　7のとき，7＝4＋3で積が12なので，7＝3＋4の分解がよい

　　　　　　　　　　　　　（あるいは7＝2＋2＋3でもよい）

　これより，3をできるだけ多く含むように和に分解すると積が最大となる。

発展のヒント

　最初の数を20以外の場合で考えて，積最大を考察させてもよいだろう。その際も3をできるだけ多く含むように和に分解すると，積が最大となる。

【参考文献】

1）国本景亀，「E. Ch. Wittmann の数学教育論（Ⅱ）―問題解決能力の育成と技能の習得・習熟を結びつける―」，第36回『数学教育論文発表会論文集』，2003，pp.13-18.

2）栗田哲也，『数学による思考のレッスン』，ちくま新書，2012.

3）D. Holton, Lighting Mathematical Fires, Curriculum Corporation, 1998.

4）H. Winter, Neunerregel und Abakus-schieben, denken, rechnen, *mathematiklehren*, 11-August, 1985, 22-26.

5）E. Ch. Wittmann, Designing Teaching: The Pythagorean Theorem, In *Mathematics, Pedagogy, and Secondary Teacher Education*（T. J. Cooney, et al Ed. 1996），97-165.

6）E. Ch. Wittmann & G. N. Müller, *Handbuch producktiver Rechenübungen, Band 1, 2.*, Klett, 2002.

7）E. Ch. Wittmann& G. N. Müller, *Das Zahlenbuch 4 Lehrer Band*, Ernst Klette, 2005.

8）E. Ch. Wittmann& G. N. Müller, *Probieren und Kombieren, Klasse 4*, Klette, 2012.

9）E. Ch. Wittmann& G. N. Müller, *Das Zahlenbuch 4 Lehrer Band*, Ernst Klette, 2013.

10）山本信也，『生命論的デザイン科学としての数学教育学の課題と展望』，熊日情報文化センター，2012.

11）山本信也編著・宮脇真一・百田止水・松本久美子・三浦由子・大林将呉，『ドイツからやってきた計算学習　数の石垣』，東洋館出版社，2006.

12）山本信也，座右の書：『ペスタロッチーの直観の ABC の理念』（J. F. ヘルバルト，是常正美監訳 /1982/ 玉川大学出版部）；数学の学習に必要な 2 つの力：想像力と推論能力，『数学教育』，714，2017年，pp.108-109.

【著者紹介】

山本　信也（やまもと　しんや）

熊本大学名誉教授（数学教育学）。ドイツの教科書『数の本』
（Das Zahlenbuch）を研究。各地で学習会を開くほか，「算
数・数学の学習環境デザインワークショップ」を開催してきた。

〔本文イラスト〕木村美穂

中学校数学サポートBOOKS

中学校数学科　「知識・技能」の習得＆習熟ワーク

2020年6月初版第1刷刊　Ⓒ著　者　山　本　信　也
　　　　　　　　　　　発行者　藤　原　光　政
　　　　　　　　　　　発行所　明治図書出版株式会社
　　　　　　　　　　　http://www.meijitosho.co.jp
　　　　　　　　　　　　　（企画・校正）赤木恭平
　　　　　　　　〒114-0023　東京都北区滝野川7-46-1
　　　　　　　　振替00160-5-151318　電話03(5907)6701
　　　　　　　　　ご注文窓口　電話03(5907)6668
＊検印省略　　　　　　　組版所　藤原印刷株式会社

Printed in Japan　　　　ISBN978-4-18-342621-5

もれなくクーポンがもらえる！読者アンケートはこちらから　→